引用形式を含む
文の諸相

叙述類型論に基づきながら

The dimensions of sentences
with quotation form

Based on the Theory of Predication-type

岩男考哲
Takanori IWAO

The dimensions of sentences with quotation form:
Based on the Theory of Predication-type

© Takanori IWAO

First published 2019

All rights reserved. No part of this publication may be reproduced,
stored in a retrieval system, or transmitted in any form or by any means,
without the prior permission in writing of Kurosio Publishers.

Kurosio Publishers
4-3 Nibancho, Chiyoda-ku, Tokyo 102-0084, Japan

ISBN 978-4-87424-797-6
Printed in Japan

目　次

まえがき v

第 1 章　序論 1
1. はじめに 2
2. 本書の構成と課題 5
3. おわりに 8

第 2 章　叙述類型論からの提言―先行研究概観― 9
1. はじめに 10
2. 叙述の類型研究小史 10
 2.1　佐久間鼎の文類型 11
 2.2　三上章の文類型 13
 2.3　益岡隆志の叙述の類型 16
  2.3.1　叙述の類型概観 16
  2.3.2　叙述の類型と提題文 21
3. おわりに 25

第 3 章　引用形式を用いた文の広がり 29
　　　　―「といえば、といったら、というと」を中心に―
1. はじめに 30
2. 「といえば、といったら、というと」を用いた文の広がり ... 31
 2.1　先行研究概観 31
 2.2　3 形式に共通する用法 32

i

目 次

    2.2.1　引用構文 33
      2.2.1.1　「事象＋事象」タイプ 34
      2.2.1.2　「事象＋評価・属性」タイプ 39
    2.2.2　連想文 46
    2.2.3　課題設定文 53
    2.2.4　提題文 60
    2.2.5　話題転換文 68
    2.2.6　これまでの用法のまとめ 74
 3.　前件と後件の関係 75
 4.　一部の形式に見られる用法の概観 79
  4.1　反復文 79
  4.2　応答文 81
 5.　おわりに 84

第 4 章　用法の背景 **85**

 1.　はじめに 86
 2.　用法の背後に見られる構造 88
  2.1　連想文 89
  2.2　課題設定文 96
  2.3　評価・属性を述べる引用構文 101
  2.4　話題転換文 103
 3.　用法の背景 104
 4.　おわりに 105

第 5 章　引用形式を用いた提題文の叙述の類型 **107**

 1.　はじめに 108
 2.　議論の背景 109
 3.　先行研究概観 112
 4.　各提題文の叙述の類型 115
  4.1　属性叙述 116

　　　　4.1.1　カテゴリー属性 116
　　　　4.1.2　性質属性 118
　　　　4.1.3　習性属性 119
　　　　4.1.4　履歴属性／事象 121
　　4.2　指定叙述 124
　　4.3　まとめ 125
5.　おわりに 127

第 6 章　研究の今後の展開に向けて **129**
1.　はじめに 130
2.　本書をふりかえって 130
3.　提題文をめぐる更なる課題 132
　　3.1　コミュニケーションの前景と背景 132
　　3.2　〈主観的把握〉と〈客観的把握〉、そして〈好まれる言い回し〉
　　　　 135
　　3.3　試論：「といえば、といったら、というと」による主題の捉
　　　　え方 138
4.　評価的意味をめぐる課題 139
　　4.1　考え得る課題 140
　　4.2　試案の提示 141
5.　その他の課題：談話・語用論的展開 146
6.　おわりに 148

補説　「ときたら」を用いた文の諸相—提題文を中心に— **149**
1.　はじめに 150
2.　「ときたら」を用いた文の用法 151
　　2.1　行為の接近 152
　　2.2　認識の接近 154
　　2.3　主題の提示 157
3.　先行研究概観 160

目次

4. 「ときたら」構文の「評価」的意味について 162
   4.1 「評価」的意味の整理・観察 162
   4.2 「程度」「評価」の根拠となる事柄の性質 166
5. 「ときたら」構文が提示する主題 169
6. 「ときたら」構文の叙述の類型 175
7. おわりに 178

　　　　　参考文献 179
　　　　　あとがき 185
　　　　　索　引 189

まえがき

　本書は、2010年前後から少しずつ考え形にしてきた研究を基に大幅な加筆・修正を行いながら執筆されたもので、大きく2つの概念を軸として書かれている。その概念とは、1つは「引用」、もう1つは「叙述の類型」である。

　「引用」は筆者が大学院進学当初より関心を持っていたテーマである。大学院に進学した2000年に鎌田修著『日本語の引用』(ひつじ書房)、藤田保幸著『国語引用構文の研究』(和泉書院)と引用をテーマにした大著が立て続けに出版されたのも今にして思うと何かのめぐりあわせだったのかもしれない。それらの知見に導かれながら、本書では引用形式「という」の条件形である「といえば、といったら、というと(と、「ときたら」)」が用いられる諸表現の考察を行っている。

　そうした考察において重要となるのが「叙述の類型(叙述類型論)」という観点である。叙述の類型について筆者が本格的に考え始めたのは大学院を修了した頃で、ちょうど、2008年に出版された『叙述類型論』(くろしお出版)の元となる企画に益岡隆志先生からお誘いいただいた頃にあたる。この叙述の類型の研究は多くの研究者の手によって、2008年以降も次々と発展を遂げている。そこで本書は、この概念に関心がありながらも、敷居が高いと感じている方々のための入門書としても役立つように書かれている部分もある(本書の第2章を参照されたい)。そうした点でも貢献できれば幸いである。

　既に述べたように、本書は既発表の拙論に大幅な加筆・修正を施した部分も存在する。そこで、以下に該当する拙論の情報を記す。

まえがき

第 2 章：
「叙述類型研究史（国内編）」益岡隆志（編）『叙述類型論』、pp. 163–191、く
　　ろしお出版、2008 年.
第 3 章：
「「と言う」の条件形を用いた文の広がり」『日本語文法』12-2、pp. 179–
　　195、2012 年.
「複合辞「というと」の接続表現的用法について」『日本語文法』16-1、pp.
　　71–79、2016 年.
第 5 章：
「「と言う」の条件形を用いた文の広がり」『日本語文法』12-2、pp. 179–
　　195、2012 年.
「引用形式由来の提題標識の働き」福田嘉一郎・建石始（編）『名詞類の文
　　法』、pp. 185–202、くろしお出版、2016 年.
補説：
「「最近の若者ときたら…」―話者の思考と属性叙述―」『言語』37-10、pp.
　　52–59、大修館書店、2008 年.
「「ときたら」文をめぐって―有標の提題文が意味すること―」『日本語文法』
　　9-2、pp. 105–121、2009 年.
「「ときたら」構文の意味と主題」『日本語文法』14-2、pp. 101–117、2014
　　年.

　上記拙論や本書の内容についてご批正をいただくことができれば幸甚である。

第 1 章

序論

この章は本書への導入にあたる。
　本書がどのような表現を対象に考察を行っていくのかを述べた後、本書がどういった構成から成り、どういった課題に取り組んでいくのかを確認する。

第 1 章 序論

1. はじめに

　本書は、引用の助詞「と」に動詞「言う」のレバ形式、タラ形式、ト形式が後接してできた「といえば、といったら、というと」を含む文について考察を行うものである。当然ながら、これらの形式は基本的には、下記のように条件構文の前件に生起する引用構文で用いられるものである。

(1)　日本の産業界では、鉄鋼業を除いて、エンジニアリング部門が別であるために業界協調が歯抜けになる。つまり、化学業界が「ノー」といっても、エンジニアリング会社が「イエス」<u>といえば</u>、化学プラントの輸出ができるわけである。

　　　　　　　　　（BCCWJ[1]：大前研一「世界が見える／日本が見える」）

(2)　昨日年上の男性（今私が片想いなのですが…）とメールしていて、私にだんだん自信がなくなってしまい、つい相手に『自分が情けなくなってきました…もう私のコト忘れて下さい…』<u>といったら</u>、『いい加減にしろ！なんだその言い方！忘れるわけないだろ！いじけてるならいじけてろ。俺は寝る。』といわれてしまいました。

　　　　　　　　　　　　　　　　　　　（BCCWJ：「Yahoo! 知恵袋」）

(3)　彼女が、「ねえ、あなた、お疲れでしょう。さ、少しお休みになったら…」<u>というと</u>、ハンはすでに死の近いことを予感したのかニコッと笑うと、「そうだね、どっちみちそういうことになるだろう…」といって目を閉じた。

　　　　　　　　　（BCCWJ：志鳥栄八郎「大作曲家とその CD 名曲名盤」）

　こうした引用構文は、「元々のメッセージを新たな場においてどのように表現したいかという伝達者の表現意図に応じて決まる」（鎌田（2000: 61））表現だとされたり、「所与と見なされるコトバを再現しようとする形で示す」（藤田（2000: 9））表現だと規定されたりするものである。

---

[1] 「BCCWJ」とあるのは、「現代日本語書き言葉均衡コーパス（Balanced Corpus of Contemporary Written Japanese）」からの例であることを示す。

1. はじめに

　ところが用例を見てみると、これらの形式が用いられるのは必ずしも引用構文に限ったことではないことが分かる[2]。

(4) 壁にはわら半紙に印刷された小学校の行事予定表が画鋲でとめられていた。学校の行事と共に祭りの日取りも書き込まれているのだが、確かにその数は多い。では、毎日、毎日、にぎやかなどんちゃん騒ぎをくり返しているのかといえば、そんなばかなことはあるわけがない。島の祭りは静かな祭りだった。

(BCCWJ：中沢けい「往きがけの空」)

(5) 「お前が兄貴分か」「まあ、そうです」「職業は」「無職です」「無職ということはないだろう。何で食っていたのか」「先頃までは白井組の者でしたが、最近脱会しました」「白井組というと、暴力団だな」「まあ、世間ではそう言っとりますが」

(BCCWJ：草野唯雄「電話メモ殺人事件」)

(6) レーガン前大統領が、ハリウッド出身であるというのは、できすぎた話ではあるが、いわれのないことではないのである。ハリウッドといえば、ミュージカル映画『オズの魔法使い』のフィナーレを思い出す。

(BCCWJ：武田勝昭「ことわざのレトリック」)

　こうしたタイプの表現は、日本語の実例を観察すると容易に見つけることができるのだが、先に提示した引用構文とは多少性質が異なるようである。以下、この点を簡単に確認してみよう。
　例えば (4) だと、「毎日、毎日、にぎやかなどんちゃん騒ぎをくり返しているのか」という所与とみなされる言葉を提示しているように見えなくもないが、次のように「言う」の動作主をとることはできない。

(4′) *では、私が、毎日、毎日、にぎやかなどんちゃん騒ぎをくり返してい

2　以下に示すような様々な用法については、第3章で詳しく考察する。

第 1 章 序論

るのかといえば、そんなばかなことはあるわけがない[3]。

　この場合、「私」を「どんちゃん騒ぎをくり返している」の動作主として解釈することは可能だが、「言う」の動作主としての解釈は成り立たないであろう。このことは、(4) のようなタイプの表現が「誰かが何かを言う」という発話に関する出来事を述べる表現からその働きを変えてしまっていることを意味すると考えられる。

　(5) についても、(4) と同様に「言う」が動作主をとることができなくなっている。

(5′)　*お前が、白井組というと、暴力団だな。

　しかし、その一方で、「というと」に前接している部分(「白井組」)は、「実物表示[4]」(藤田(2000)) という引用の本質に関わる特徴を備えているとも考えられよう。

　更に (6) について言えば、「言う」という動詞の意味に変化が生じているように見えるのである。例えば、次のような言い換えをしても、言い換え前の表現と大きく意味が変わることはないだろう。

(6′)　ハリウッドと聞けば、ミュージカル映画『オズの魔法使い』のフィナーレを思い出す。

　つまり、(6) のような表現が表す内容は、「何かを言う」ということから、「何かを聞く(受信する)」ということへと変化していると考えられるのである。

---

[3] 例文の文頭に「*」が付してあるのは、容認し難い文であることを意味する。この他「?」「??」が付してある場合もあるが、それは「?」の数が多いほど自然さが下がることを意味している。

[4] 例えば「りんご」を表現するのに「りんご」と言葉にするのではなく、実物のりんごを示すように「表現されるべき対象を言語記号で抽象化して描く代わりに、同等の実物を差し出して伝達行為を行なうこと」(藤田(2000: 42)) とされる。この「実物表示」については、第 3 章でも触れることになる。

このように引用構文に由来する表現は、その働きを引き継いだり変化させたりしながら、現代日本語の中で広く使用されていると言える。それはなぜか、という問いは現段階ではあまりにも大き過ぎる問いであるが、それぞれの表現が具体的にどういう性質のもので、「その働きは何か」といった問題についての考察であれば本書でも可能であるし、上記の大きな問いの答えへと近づく一歩となるだろう。

　そこで本書では、「といえば、といったら、というと」を用いた文は、どのような広がりを見せ、それに伴いその働きをどう変えているか、そしてその広がりは日本語という言語の性質とどう関わるものなのか考えていきたい[5]。

2. 本書の構成と課題

　この2節では、本書の構成を述べるとともに、各章においてどういった課題に取り組んでいくのか、その概要を述べる。本書では1節で提示した「といえば、といったら、というと」を含む様々な表現を対象に考察を行っていくのだが、それをどういう順番で、何に着目して扱っていくかを確認しておくことが本節の主な目的である。第1章（本章）については省略し、第2章から見ていくことにしよう。

　第2章では、「叙述の類型」という概念やそれに類するものを扱った研究によって得られた様々な知見の紹介、ならびに本書において取り組む課題の概要を述べる。ここは、本書がどういう前提に立って議論を行うか確認する章となる。また、叙述の類型についての概説的な章であるので、この概念に馴染みのない読者に対する解説としても位置付けられよう。

　叙述の類型の研究というと、まずは「当該の文は出来事を述べるのか？物事の性質を述べるのか？」「文が述べる物事の性質（あるいは、出来事）にはどういった種類があるのか？」等のような、文の述べる叙述タイプの分類といった研究が想起されやすいかもしれない。しかし、これまでの叙述の類型

---

[5] 上記3形式以外の引用形式のふるまいについては、岩男（2003, 2008a, 2008c, 2009, 2014）で論じた。

第 1 章 序論

研究によって得られた知見はそれだけに留まらない。

本書では、叙述の類型研究で得られた知見のうち、次の 3 点に特に注目する。まず 1 点目は、叙述には大きく 3 つのタイプが存在するという点である。叙述の類型には「神戸はコーヒー激戦区です」のように、「現実世界に属する具体的・抽象的実在物を対象として取り上げ、それが有する何らかの属性を述べる」（益岡（1987: 21））と規定される〈属性叙述〉、「昨日、とても素敵な喫茶店を見つけました」のような「現実世界の或る時空間に実現・存在する事象（出来事や静的事態）を叙述する」（同）と規定される〈事象叙述〉、そして、「私が幹事です」のような「『幹事である』という属性の持ち主に該当するのは『私』であると指定している」（益岡（2000: 49））表現の〈指定叙述〉の 3 つがある [6] とされる [7]。

2 点目として、日本語は「主題-解説」構造を文の基本モデルとするという説に注目する。第 2 章で述べるように、この説は「日本語は主題卓越型の言語である」という言説を叙述の類型の観点から発展させたものであるが、文の基本に「主題-解説」構造があるということは、日本語では提題文以外にもこの構造が影響を与えていることが予想される。

そして、本書が注目する知見の 3 点目は、叙述の類型と文の構造には一定の対応関係が存在する、というものである。これは従来、先の 2 点に比べるとその重要性があまり認識されてこなかったように思うが、文の構造とそれに対応する意味という観点から言語を観察する立場にとっては重要な指摘であるように思われる。

本書では特にこれら 3 点に注目しながら、「といえば、といったら、というと」を用いた諸表現の分析を行っていくことになる。

続いて第 3 章では、「といえば、といったら、というと」を用いた文の用法にはどのようなものが存在するのかを考察する。本章の 1 節に挙げたような（「と」と「言う」から成る引用形式が用いられながらも）引用構文とは

---

[6] 更に詳しい分類については、第 2 章を参照のこと。

[7] 〈指定叙述〉には、「私が幹事です」のような「が」をとるタイプと「幹事は私です」のように「は」をとるタイプが存在する。

言えないタイプの文にはどういったものが存在するかを主に考えることになる。従来の研究でもこうした問題について用法の記述や分析が行われてきている。しかし、そこで用法が網羅されているかというと必ずしもそうとは言い切れない面があり、また、用法の中にはどこまでを1つの用法としてまとめるかという問題について議論の余地が残されているものも存在するのである。具体的な例を挙げると、以下のような表現についてこうした問題が残されていると言える。

(7)　　終わる<u>っていえば</u>、相撲も明日で終わりですね。

（森田・松木（1989: 50））

　このタイプの表現をめぐっては、提題文として扱うべきか否かという問題をめぐって先行研究にも幾つかの意見が出されている。本書では用法の整理も含め、第3章でこうした問題について考えていく。

　第2章で挙げた先行研究から得られる知見やその問題点の整理、そして第3章における用法の整理に基づき、第4章以降の分析が行われることになる。まず第4章では、第3章で提示した用法の中には（提題文以外にも）その成立の背景に「主題-解説」構造が大きく関わっているものが存在することを指摘する。管見の限りでは、従来、文の基本モデルの影響という観点から表現を観察する試みは存在しなかったように思えるが[8]、その影響の広さを示せればそれだけ、「主題-解説」という構造が日本語の基本にあることを確認できることになるだろう。

　そして第5章では、「といえば、といったら、というと」が提題標識として用いられる文の考察に移る。ここでは、各提題文が表す叙述の類型にはどういったものがあるのかを考えたい。この考察には特に、第2章で提示した叙述の類型と文の構造には一定の対応関係が存在するという知見が重要な意味を持ってくる。結論を先に述べると、本書では「といえば、といった

---

[8] 川端（1976, 1983a, 1983b）の形容詞文と動詞文の関係に関する考察は、この第4章の内容に深く関わってくる可能性があるが、この点については研究史の整理も含め今後の課題としたい。

第 1 章 序論

ら、というと」を用いた提題文は、属性叙述文や指定叙述文として用いることは可能であるが、事象叙述文として用いることは困難であることを指摘することになる[9]。そして、このことは「といえば、といったら、というと」が引用形式由来であることと深い関わりがあることも述べる。この分析が成功しているのであれば、それは、叙述の類型と文の構造との対応関係を述べた先行研究の主張の妥当性を示せたことになるだろう。

第 6 章は本書のまとめと、今後の展開にあたり考察すべきと考えられる観点を幾つか紹介する。

以上が本書の主な内容だが、それ以外に本書には補説が存在する。ここでは、やはり助詞「と」が構成要素として含まれる「ときたら」という形式が用いられる文について、現段階の考えをまとめてある。「ときたら」は、助詞「と」に動詞「来る」のタラ形式が後接してできたものである。その働きにはタラ形式が用いられていることもあって、「といったら」と似た面もあるのだが、観察をしてみると、「といえば、といったら、というと」とは大きく異なる面もある。こうした点について述べてみたい。

本書の構成と取り組む課題の概要は上記の通りである。引用構文の研究で得られた知見に基づきながら用法の整理を行い、そこで指摘した用法について叙述の類型研究の観点から考察を行う、というのが本書の大きな流れだと言える。

3. おわりに

以上この第 1 章では、導入として本書が主な考察対象とする表現の概要を確認した後、それらの表現をどういった観点から分析するかを述べた。次章からより具体的に言語現象やそれに関する先行研究について考察を始めていこう。

---

[9] このことは属性叙述と指定叙述には事象叙述には無い共通点が存在することをうかがわせるが、本書ではこの点は考察しない。

第 2 章

叙述類型論からの提言
―先行研究概観―

　本章では、本書において重要な概念となる「叙述の類型」の研究史を概説する。
　「叙述の類型」やそれに類する概念を用いた研究は非常に多岐にわたる。そこで本章ではそれらの中から、佐久間鼎、三上章、益岡隆志といった現代日本語を記述的に研究したものを中心に見ていくことにする。これらの研究を概観することで、「叙述の類型」という概念が、先行研究をどう引き継ぎ、どう発展していったのかを理解したい。これらの研究の中で提示されたアイデアが本書の次章以降の考察においても重要な意味を持つことになる。

第 2 章　叙述類型論からの提言

1. はじめに

　この第 2 章では、「叙述の類型」(益岡 (1987) 他) という概念やそれに関わる諸研究の概観と、そこで提示される言説の紹介を行う。

　本書は、現代日本語の中でも引用構文やそこから拡張して生まれた諸表現を主な考察の対象とするものであるが、これらの表現の観察に移る前にまず、本書の考察に必要となる概念や言説を幾つか導入しておくのが本章のねらいである。そして、それらは主に、日本語の叙述の類型に関する研究から生まれたものである。そこで本章では、叙述の類型研究やそれらの元となる研究を概観し、その過程で本書においても重要な意味を持つ概念や言説の紹介を行いたい。とは言え、叙述の類型やそれに類する現象に関わりのある研究は非常に多岐にわたる。そこで本書では主に、佐久間鼎、三上章、そして益岡隆志といった研究者に引き継がれてきた、いわば現代日本語の記述的研究という文脈の中で発展を遂げたものを中心に見ていくことにする[1]。そして、本章はこうした研究に馴染みのない読者に対しては、解説的な意味合いを兼ねることになるだろう。

　以下、本章では佐久間鼎の研究の概観から始める。そして、それが三上章、益岡隆志にどう引き継がれ、発展していったのかを見てみたい。

2. 叙述の類型研究小史

　それでは実際に、叙述の類型やそれの元となった研究について概観していこう。現代日本語の文法研究において「叙述の類型」という用語が用いられるようになったのは、管見の限りでは益岡 (1987) が最初である。そして、その叙述の類型とは、以下にあるように基本的な部分は佐久間鼎の影響を受けたものだと考えられる。

---

[1] 本章では佐久間鼎、三上章、益岡隆志等の研究を中心に扱うが、ここで扱えない研究の概要については、岩男 (2008b) を参照されたい。また、岩男 (2008b) でも扱えていない研究については、影山 (2006, 2009)、益岡 (編) (2008)、影山 (編) (2012) を参照のこと。

2. 叙述の類型研究小史

叙述の類型とは、事態の叙述における型を種別するものであり、佐久間（1941）の「品さだめ文」と「物語り文」の区別を引き継ぐものである。

（益岡（2000: 39））

2.1 佐久間鼎の文類型

ここからは、「叙述の類型」という概念とそれに関わる下位概念や言説について概観していくことにする。既述のように、まずは、佐久間鼎の研究からとりあげる。

佐久間はその論考の中で、言語の働きとして「表出」「うったへ」「演述」の3つを提示している。この3機能について佐久間（1941）をもとに簡単に述べると、「表出」とは「物事に感じた模様がひとりでに表にあらはれたもの」(p. 143)であり、「うったへ」とは「話しの相手に対する態度をあらはすもの」(p. 144)、そして「演述」とは「見聞した物や事についてその容子をのべたり、ある事柄について自分の考をいひ出したりする」(p. 148)もののことである。

この中でも本書で特に重要となるのは、最後の「演述」である。佐久間は、この演述機能を担う（事柄について述べる）文を「いいたて」の文と呼び、この「いいたて」の文は「物語り文」と「品さだめ文」へと分類できるとしている。そして、この両者について佐久間（1941）は以下のように述べる。

物語り文といふ方は事件の成行を述べるといふ役目に応じるもので、品さだめ文の方は物事の性質や状態を述べたり、判断をいひあらはしたりするといふ役割をあてがはれるものです。

（佐久間（1941: 153））

この抜粋部から佐久間鼎の文法論において、事柄について述べる文の類型がどういった性格のものであるかが明確になる。つまり、事柄について述べる文には、「事件の成行を」述べるものと「物事の性質や状態」や「判断」を述べるものとが存在するというのである。

第 2 章　叙述類型論からの提言

　なお、佐久間は後者、つまり「品さだめ文」を更に2つに分けることの必要性も認めており、そこで「品さだめ文」が「性状の表現」と「判断の表現」とに下位分類されることになる。極簡単に両者の性質を述べると、「性状の表現」とは物事の性状を規定するもの、そして「判断の表現」とは「～だ。」という形式を用いて判断を言い表すものとされている[2]。

　以上で、佐久間の提起する文類型（物事の成り行きを述べる「物語り文」と、物事の性質や話者の判断を述べる「品さだめ文（これは更に「性状の表現（性状を述べる）」「判断の表現（判断を述べる）」へと分類される）」）が出揃ったことになるのだが、佐久間はこの3種類には機能上の相違に加え、述語の品詞、そして文の構造においても相違が見られるとしている。この相違についての指摘は、叙述の類型研究において重要なものであるため、次にこの相違についても観察しておきたい。

　まず、物語り文から見ていこう。佐久間は、この物語り文の表現形式を次のように規定している。

(1)　（何々）が（どうか）する［した］。

(佐久間（1941: 154））

　この物語り文について佐久間は、述語には動詞が用いられ、そして、時や場所の限定、つまり時所的限定が必要だと述べている。

　ここで注目したいのは、品詞の指摘に加えて、物事の成り行きを描く表現には時所的限定が必要であるとの指摘である。つまり物語り文の場合、そこに描かれる事象は時間的、空間的に限定が行われるものであり、一方、次に挙げる品さだめ文はその限定が行われないものであるということになる。この、出来事の成り行きを述べる際に時空間的な限定が重要な意味を持つという指摘は、佐久間、三上、益岡と引き継がれ、現在に至る。

2　この「判断」の内実については、寺村（1973）も参照されたい。なお、付言ながら、寺村（1973）の議論において、事象を述べる文と物事の性質を述べる文とで、話し手のかかわり方が「描き手」「判じ手」というように異なるといった指摘が見られる。これは認知言語学における〈客観的把握〉と〈主観的把握〉との区別に通ずるところもあり興味深い。

2. 叙述の類型研究小史

次に品さだめ文を観察していこう。このタイプの文は「性状の表現」と「判断の表現」に下位分類されるのであった。そこでまずは性状の表現から見ていくことにしたい。この性状の表現は次のように規定されている。

(2)　（何々）は（かう⌒）だ。

　　　　　　　　　　　　　　　　　　　　　　（佐久間（1941: 155））

この種の表現の述語には、形容詞・形容動詞（動詞であっても意味的には性質や状態を表すものも含む）があてがわれるとされている。

それに対して判断の表現の規定は以下の通りである。

(3)　（何々）は（何か）だ。

　　　　　　　　　　　　　　　　　　　　　　（佐久間（1941: 155））

この種の表現は述語に「だ」が用いられるという点が指摘されている。

先に物語り文の所で、時所的限定の必要性が指摘されていると述べたが、この品さだめ文の所にも注目すべき指摘がある。それは、(2)(3)の文頭「何々」にあたる名詞には「が」ではなく「は」が付くのが基本であるとする指摘である。この文の類型において助詞「は」の問題が絡んでくるという指摘は、先の時所的限定と並んで注目すべき点であるため注意が必要である。この点もやはり後の三上、益岡の研究に引き継がれていくことになる。

以上が佐久間鼎による文の類型に関する研究の概要である。これまでに見てきたことからも分かるように、既に佐久間の段階で、現在まで引き継がれる文の類型と時空間的な限定や提題文といった諸概念との関わりについての指摘がなされているのは注目すべきであろう。

2.2　三上章の文類型

次に、三上章の研究を見てみよう。そこでは以下のように、佐久間による文の類型に関する研究を「祖述する」と述べられていることからも、三上における文類型の案は、名称を除いて基本的に佐久間のものと一致すると見て良いだろう。

第2章　叙述類型論からの提言

　　私はこれ(筆者注：佐久間の提示する「物語り文」と「品さだめ文」の区別)を祖述するものであるが、たゞ内容本位の命名を、形式本位の名称に戻して次のように(筆者注：「動詞文」「名詞文」という名称に)改める。
（三上（1953: 40-41））

　それでは、三上の分類案を概観していこう。まず三上は、平叙文を「動詞文」と「名詞文」に2分類する。ここでの「動詞文」は事象の経過（process）を表し、「名詞文」は事物の性質（quality）を表すとされている。「動詞文」の特徴として「経過（process）」が挙げられていることからも分かるように、ここに佐久間の提示した「物語り文」と「品さだめ文」における時所的限定の有無の差異という考えが引き継がれている。

　また、後者、つまり「名詞文」は「形容詞文」と「準詞文」に下位分類されている。「形容詞文」とは、その名の通り形容詞が述語に位置する文のことを指し[3]、「準詞文」とは「だ（です）」が述語に位置する文のことである。

　更に三上は、この「準詞文」に「措定（第一準詞文）」「指定（第二準詞文）」「端折り（第三準詞文）」の3機能があることも指摘している[4]。以下に、それぞれの具体例を挙げる。

(4)　イナゴガ飛ブ。　　　　【動詞文】
(5)　イナゴハスバシコイ。　【形容詞文】
(6)　犬ハ動物ダ。　　　　　【措定】
(7)　君ノ帽子ハドレデス？　【指定】
(8)　姉サンハ台所デス。　　【端折り】

（三上（1953: 44-45））

　以上の三上による分類案と佐久間の分類案を対応させると次のようになる（三上（1953）も参照）。

---

[3]　この場合、いわゆる形容動詞も形容詞に含まれる。
[4]　本書の立場から換言すると、それぞれ「属性叙述文」「指定叙述文」そして、「うなぎ文」に概ね対応している。

(9) 佐久間の分類
　　　ア．物語り文
　　　イ．品さだめ文 ┬ ウ．性状の表現
　　　　　　　　　　└ エ．判断の表現
(10) 三上の分類
　　　オ．動詞文
　　　カ．名詞文 ┬ キ．形容詞文
　　　　　　　　└ ク．準詞文（「措定」「指定」「端折り」）

「動詞文」が「物語り文」に、「名詞文」が「品さだめ文」に、そして「形容詞文」「準詞文」が「性状の表現」「判断の表現」にそれぞれ対応していることが分かるだろう。

　そして、先の佐久間同様、三上も文の類型の問題と主題の関わりとを指摘しており、様々な場面でこれについて言及しているのである。その一部を以下に挙げる。

　　外形にあらわれる特徴として、動詞文は係助詞「ハ」がなくても完全でありえるのに対し、名詞文は「ハ」に助けられるのを原則とする。
　　　　　　　　　　　　　　　　　　　　　　　　　（三上（1953: 42））

　　動詞文（物語り的）と名詞文（品定め的）との区別はたいへん重要である。ここには両文と提題（題目提示）との関係を指摘しておく。それは、名詞文は原則的に有題であるが、動詞文は有題無題半々ぐらいだということである。
　　　　　　　　　　　　　　　　　　　　　　　　　（三上（1963: 48））

　このように、佐久間によって提起された文類型と時所的限定や主題との関係についての問題意識は三上にも引き継がれていることが分かる[5]。

5　この「動詞文は有題無題半々」という指摘は、後に益岡隆志の諸研究において、主題と

第2章 叙述類型論からの提言

　以上、三上章の文法研究における文の類型についての言及部分を概観してきた。これらの観察により、佐久間が提示した文類型の骨組みが三上に引き継がれていることを確認した。そしてこれが、益岡の一連の研究へとつながっていくことになる。佐久間、三上の説がどう引き継がれ、どう発展を遂げたのか。それを次に確認していくことにしよう。

2.3　益岡隆志の叙述の類型

　ここまで、佐久間鼎と三上章による文の類型について概観してきた。これらを受けて次に、益岡隆志による「叙述の類型」という概念について概観してみたい。予めまとめのようなことを述べておくと、この概念は先の佐久間鼎、三上章による諸研究を引き継ぎ、精緻化させながらも、そこに「属性と事象の典型・非典型」、「属性と事象の連続性」、そして「主題化の談話・テクスト的要因」といった観点を加え、更には文の構造に関する言語類型論的視点も取り入れながら発展させたものだと言うことができるだろう。

　以下、まず2.3.1で叙述の類型にはどういったタイプがあるのかを概観する。具体的には、叙述の類型には大別すると、〈属性叙述〉〈事象叙述〉そして〈指定叙述〉の3種があることを述べる。そこでは、佐久間鼎・三上章の説を引き継ぐだけでなく、そこに典型・非典型という考え方や連続性という捉え方が取り入れられていることを見る。

　次に2.3.2では、その叙述の類型と文の構造との関係に関する議論を紹介する。物事の性質を述べる文や判断を述べる文は提題文として述べられることは先行研究の指摘にも見られるところだが、そこに「談話・テクスト的要因」という視点や「主語卓越型・主題卓越型」といった類型論的観点も取り入れられていることを確認する。

2.3.1　叙述の類型概観

　それでは、叙述の類型という概念について見ていくことにしよう。最初

談話・テクストとの関係という観点から発展を遂げることになる。この点については後述する。

に、叙述の類型には具体的にどういったタイプが存在するのかを確認することから始めたい。

はじめに「叙述」という概念であるが、それについては「現実世界を対象として表現者がおこなう概念化」(益岡(1987: 20))という定義が与えられている。そして、その具体的な種類としてまず、〈属性叙述〉と〈事象叙述〉の2つが提示される。

属性叙述の文(属性叙述文)とは、以下のように、時空間的な限定を受けない、「所与の対象が有する属性(特性・性質)を叙述する」(益岡(2013: 57))表現を指すもので、典型的な例は名詞や形容詞を述語とすることが多いと言える。

(11)　日本は島国だ[6]。

(益岡(2000: 42))

これが時空間的な限定を受けない普遍的な事柄を述べた文であることは理解できるだろう。

一方、事象叙述の文(事象叙述文)とは、典型的には以下のように時間軸上のどこかで発生する(した)動的な出来事を表す文のことを指し、主に動詞を述語とするものである。

(12)　父がプレゼントをくれた。

(益岡(2000: 44))

「くれた」とタ形が過去を表していることからも分かるように、(12)の例は先の(11)とは異なり、時間的な限定を受けた、過去のある時点において生じた出来事を述べた文である。

以上が叙述の類型における〈属性叙述〉と〈事象叙述〉の概要である。時空間的な限定を鍵として、大きく2つの類型の存在を認める[7]という点に佐久

---

[6]　例文番号は本書にあわせてある。以下同様。

[7]　ただし、今日において時間的な限定に着目した研究に比べると、空間的な限定に着目した研究は量的に少なめである点は否めないだろう。今後の叙述の類型研究の発展のために

間鼎、三上章の「品さだめ文」「名詞文」、「物語り文」「動詞文」といった分類が受け継がれていることが分かるだろう。

ただし、益岡の研究では、これら2つの叙述が不連続に分断されたものではなく、時間的な限定の有無によって連続的なものとして捉えられるようになる。これが先に述べた「属性と事象の典型・非典型」、「属性と事象の連続性」という観点が明確に見られる部分である。以下、この点について見ていくことにしよう。

例えば、以下の(13)であれば、(11)に比べると「最近」とある分だけ時間的な限定があり、その点において事象を述べる表現との共通点が見られるが、それでも「あの人」の属性を述べている表現だと言えるだろう。こうした、(13)のように時間的な限定のある属性は「非内在的属性（Non-inherent Property）」と呼ばれ、反対に(11)のように時間的な限定を受けない本質的な属性は「内在的属性（Inherent Property）」と呼ばれている。そして、(11)のタイプ（内在的属性）が属性の中でも典型的なものとされている[8]。

しかしこれが(14)になると、「丸焼け（だった）」と名詞を述語とはするものの、一回的な出来事を述べる文になっており、かつ、無題文でもある。この点において(11)や(13)よりも更に典型的な事象叙述文に近づいていると言うことができるだろう。

(13) あの人はどういうわけか、最近冷淡だ。

(益岡(1987: 33))

(14) タンスが丸焼けだったんだもの。

(益岡(1987: 27))

このように、属性叙述と事象叙述は、主に時間的な限定に基づきながら連続的につながっているものとして規定されるようになったのである。

更に近年の研究では、内在的属性の中にもいくつかのタイプが存在するこ

考えられる1つのアプローチとして、こうした空間的な限定に着目した立場からの研究というものも考えられる。

8 「属性として典型的なものは内在的属性である」(益岡(2008: 6))

とが指摘されている。これは本書では特に第5章において重要な意味を持つ概念であるので、確認していこう。

内在的属性をめぐっては、益岡（2004, 2008, 2013）等、様々な議論が行われてきているが、ここでは益岡（2018）の用語を用いてまとめてみたい。

益岡（2018）によると、内在的な属性には本来的な属性と事象から派生した属性とが存在するとされている。前者には「カテゴリー属性」と呼ばれるものと「性質属性」と呼ばれるものが、そして後者には「習性属性」と呼ばれるものと「履歴属性」と呼ばれるものが存在する。以下、これらの属性について順に見ていこう。

まず本来的な属性であるが、「カテゴリー属性」とは、その名の通り、所与の対象（主題名詞句の指示対象）が属するカテゴリーを述部において表すものでその属性は名詞述語で表されるのが基本だとされている。一方、「性質属性」とは、対象がどういった性質を持つものであるかが述べられる表現であり、この場合、その性質は形容詞述語で表されるのが基本である。各表現の具体例としては次のようなものが挙げられる。

（15）　日本は島国だ。
（16）　あの人は温厚だ／大人しい。

（いずれも益岡（2018: 100））

それぞれ、（15）は「島国だ」という名詞述語によって「日本」という主題名詞句の所属するカテゴリーが、（16）は「温厚だ／大人しい」という形容詞（形容動詞）述語によって、「あの人」の所有する性質が述べられている。

それに対して、動詞述語を基本とする事象が派生的に属性となる「習性属性」と「履歴属性」の具体例には次のようなものがある。

（17）　あの人はよく失言する。
（18）　あの人は以前、地元のマラソン大会で優勝した。

（いずれも益岡（2018: 100））

（17）が「習性属性」の例で（18）が「履歴属性」の例である。

事象が属性化するのは繰り返しによってその事象が習性化することが1つの重要な契機となる。(17)を例に挙げると、「あの人」が頻繁に失言を繰り返すと、その失言は一回的な行為ではなく、対象の習性とみなされるようになるのである。

　一方、一回的な事象が対象の属性としてみなされることもあり得る。それは、「特定の時空間に起こった事象がそれに関係する対象の有意味な実績として捉えられる場合」（益岡（2018: 100））である。(18)の「地元のマラソン大会で優勝した」というのは一回的な出来事に過ぎないかもしれないが、その「優勝した」という履歴はその人物を特徴づける属性として捉えられ得るだろう。属性をめぐってはこれまで、様々な議論が行われ、こうした現在のかたちにたどり着いている。

　また、研究の過程で、〈属性叙述〉〈事象叙述〉に加えて、(19)(20)のような〈指定叙述〉と呼ばれる叙述の存在も指摘されるようになった。

(19)　ここの自治会の会長は田中さんだ。
(20)　フランス語ができるのは花子だ。

（いずれも益岡（2000: 49））

　(19)(20)の文は、「ここの自治会の会長」「フランス語ができるの」に該当する人物を述部において提示している文だと言うことができるだろう。こうした性質の文を益岡（2000）では「指定叙述文」と呼び、「属性叙述文」「事象叙述文」とは区別されている[9]。このタイプは、益岡（1987）の段階ではその存在が認められていなかったのだが、益岡（2000）において叙述の一タイプとして提示されたものである。しかし、叙述の類型研究において、このタイプの叙述については属性叙述・事象叙述に比べると、その位置付けが未だ明確になっていないのが現状である。

　ここまで、益岡（1987, 1991, 2000, 2004, 2008, 2013, 2014, 2016, 2018）等において提示された叙述の類型という概念の中身を概観してきた。佐久間鼎、

---

[9]　指定叙述文（「(倒置)指定文」とも呼ばれる）についての詳細は、西山（2003）や金水（2015）も参照されたい。

三上章と引き継がれてきた、文の類型研究がどのように引き継がれ、どう発展してきたかが確認できたことと思う。これを受けて次に、この叙述の類型と文の構造の関係について見ていくことにしよう。

2.3.2 叙述の類型と提題文

それでは、叙述の類型と文の構造の対応関係について概観する。既述のように、佐久間鼎、三上章といった先行研究においても物事の属性を述べる文は基本的に提題文として表現され、物事の成り行きを述べる文は基本的には無題文として表現されることは指摘されていた。しかし、益岡はここに、「主題化の談話・テクスト的要因」と言語類型論的視点とを導入することで叙述の類型と文の構造との関係についての議論を更に発展させているのである。以下、このことを確認していこう。

まず、属性叙述文の構造についてだが、これは先行研究の指摘同様、「主題-解説」の構造を持つ提題文だとされている。例えば、益岡（2000）は属性叙述文の構造について次のように述べている。

> 属性叙述の基本的な特徴は、属性の持ち主を表す部分と属性を表す部分とが明確に分類されるという点にある。その結果、文として表現される場合には「主題-解説」の構造を持つことになるのである。
>
> （益岡（2000: 40））

ここで、属性叙述文が提題文であるのは、この文が「属性の持ち主」と「属性」で成り立つからという理由を挙げた点は注目すべきである。つまり、文の内的な要因に注目した場合、属性叙述文はその文の特徴から、基本的に提題文として表現されると述べられているのである。

一方、事象叙述文の構造については、益岡（2000）において次のように述べられている。

> 事象叙述の表現は、基本的に「補足語-述語」という構造を有する。したがって、事象叙述の表現は典型的には無題文の形を取る。

第 2 章　叙述類型論からの提言

（益岡 (2000: 41)）

　このように、属性叙述文と事象叙述文の構造の違いに着目すると、前者は「属性の持ち主」と「その属性」から構成されるという文の内的な要請もあり、「主題-解説」構造を基本とし、後者は「補足語-述語」構造[10]（つまり、無題文）を基本とするというふうにまとめられているのである。佐久間、三上と受け継がれてきた、文の類型と文の構造の対応関係についての考察がここに引き継がれていると言えるだろう[11]。

　更には、これらの先行研究から受け継いだ説を踏まえ、益岡は言語類型論的観点から、次のように述べている。

　　日本語が主題卓越型であるのは、属性叙述文を文構造の基本モデルにしているからであると考えられる。

（益岡 (2014: 14)）

　この前半の「日本語が主題卓越型である」という箇所は、Li and Thompson (1976) による主張を取り入れたものである。そして、上記の指摘の重要な点は、類型論的な日本語の特徴（「主題卓越型」であるという特徴）に対して、叙述の類型研究の成果を用いて説明を与えようとしている点にある。ここでは、日本語は「属性叙述文を文構造の基本モデルにしている」とされている。そして、その属性叙述文の文構造とは「主題-解説」の構造を持つ提題文であることは既に確認したとおりである[12]。つまり、日本語は類型論的に主

10　一連の研究の中では「『述語-項』構造」、あるいは単に「項構造 (argument structure)」と呼ばれることもある。

11　ただしここで、佐久間、三上のように助詞「は」の問題に限定せずに、「主題-解説」構造の問題としている点は注目すべきであろう。これは益岡の、提題標識を「は」に限定しないという立場から導き出された一つの帰結だと考えられる。提題標識を「は」に限定せず、その他の形式も含むとなると、提題文に共通するのは「は」という形式ではなく、「主題」とそれに対する「解説」という関係性ということになる。なお、本書もこの立場を踏襲し、「は」以外にも提題標識は存在すると捉えることで、結果として「主題-解説」という関係を重要視することになる。

12　他にも「属性叙述の構成を基盤とする言語というのは、文の組み立ての基本が、属性

語よりも主題が卓越した言語だと言われているが、それは日本語が「主題−解説」構造からなる属性叙述文を文構造の基本とするからだとされているのである。

　これを受けて次に確認したいのは、こうした主張が生まれた経緯である。そこで、ここまで見てきた叙述の類型に関する議論がどのようにして「日本語は『主題−解説』構造（属性叙述文）を文の基本モデルとする」という説につながるのかを見ておきたい。それには、事象叙述文の提題文化（有題化）という現象が大きく関わっている。以下、この点について少し詳しく見ていこう。

　本来、無題文（「補足語−述語」構造）であるはずの事象叙述文も、その実際の使用において提題文として用いられることは珍しいことではない。例えば、次のような例は容易に見つけることができる。

(21)　　位置と姿勢が決まると、私は言った。「申し訳ありませんが、できるだけそのまま動かないようにして下さい」
　　　　免色は何も言わず目だけで肯いた。
　　　　　　　　（村上春樹『騎士団長殺し　第1部　顕れるイデア編』講談社）
(22)　　コピー機の前で泣き崩れ、何を聞かれても私は首を振っていた。宮内郁子が私のそばまで来たので、私は身を固くした。
　　　　　　　　　　　　　　　　　（西加奈子『うつくしい人』幻冬舎文庫）

　この例の中では、述語が「言った」「（目だけで）肯いた」「（首を）振っていた」「（身を）固くした」といった一回的な行為である事象を述べるものであっても、当該の文は提題文として表現されている[13]。こうした事象叙述文が提題文として表現される例は珍しいものではなく、数多く見られるものである。こうした事象叙述文が提題文化する要因として、益岡（2004, 2007）は

叙述の組み立てである『主題−解説』をモデルとするもの」（益岡（2008: 13））といった指摘も見られる。

13　そして、これらを「習性」や「履歴」として捉えることもできないだろう。

第 2 章 叙述類型論からの提言

談話・テクストレベルの要請を挙げている[14]。つまり、本来的には無題文であっても、談話・テクスト的な要請があることで、その無題文は有題化（提題文化）するというのである。

このように事象叙述文が談話・テクストレベルの要請に応じて提題文としても用いられ得ることは、益岡（2004, 2007）等においても指摘されているのだが、ここで注目されるのは、事象叙述文が提題文化する際にも、文内の要請において提題文となっている属性叙述文と同じ標識（上述の例だと、助詞「は」）を用いた文で表現されているという点である。属性叙述文と事象叙述文という異なる叙述の表現が提題文として用いられるのであれば、（一方は文内の要請により提題文として用いられ、他方は談話・テクストの要請により提題文として用いられるのであるから）それぞれ異なる提題表示の手段が用いられるという可能性も考えられる。しかし日本語では、どちらも属性叙述文の表現形式の1つである「は」という標識によって主題が提示されるのである[15]。

ここから益岡（2007: 277）の「日本語は属性叙述文の「主題−解説」という文構成が事象叙述文の文構成にも投影されている」という説が導き出されることになる。つまり、本来属性叙述文の表現形式である文の構造が、談話・テクストレベルの要請によって提題文化することになった事象叙述文にも用いられているというのが益岡の一連の研究における指摘なのだと言える[16]。

こうした、「日本語は主題が卓越している」といった傾向的側面への指摘に留まらず、ある特定の表現の構造（属性叙述文の構造）が他方の表現の構造

---

14 具体的には「談話・テクストを構成する単位（ブロック）のまとまりを示す」という働きがその要請の一例として挙げられている。詳細は、益岡（2004, 2007）を参照のこと。

15 反対に主語卓越型の言語であれば、「補足語−述語」構造が事象叙述・属性叙述において用いられると想定されることも益岡（2004, 2007）において述べられている。

16 ここで投影されているのは、「主題−解説」という構造的側面であり、属性を叙述するという機能的側面は投影されていない点は益岡の論を理解するにあたって押さえておく必要がある。例えば(21)のように事象叙述が提題文となっても「言った」「肯いた」は属性ではなく事象だと解されるままである。このことからも、「主題−解説」という構造が投影されるのだということが確認できる。

（提題文化した事象叙述文の構造）へ影響を及ぼしているという関係性を見出した点は益岡の一連の研究、そして叙述の類型研究を理解するにあたり重要な点だと言えるだろう[17]。

以上、ここまで叙述の類型とその文の構造に関する研究を概観してきた。そこでは、「属性」を述べる表現である「属性叙述文（「属性の持ち主」と「その属性」によって成り立つ文）」が日本語の文の基本にあり、それが日本語において（いわば「テンプレート」的に）広く用いられることが、「主題卓越型」という特徴を生むと考えられていることが明らかになった。

本章の最後に、次節ではこれら叙述の類型研究の成果のまとめや本書において考えておきたい点を述べていくことにする。

3. おわりに

以上、本章では、現代日本語の文構造について「叙述の類型」やそれに類する概念を通して言及しているものを中心に概観してきた。そこでは、単に文や叙述の種類分けが行われているだけではなく、以下のように複数の示唆に富む指摘がなされていた。

（ア）　叙述の類型には〈属性叙述〉〈事象叙述〉〈指定叙述〉が存在する。

（イ）　日本語は「主題−解説」構造を基本とする言語である。その「主題−解説」構造とは、属性を叙述することを本来的な働きとする構造であるが、それが他の叙述（事象叙述）にも投影されることがある。それが日本語の主題卓越的性格を生んでいる。

（ウ）　叙述の類型と文の構造との間には一定の対応関係が見られる。属性叙述文は提題文、事象叙述文は無題文によって表現されるのが基本である（ただし、文脈等の要請によって変わり得る）。

本章を終える前に、これらの指摘がそれぞれ、本書にどのように関わって

17　もちろん次の段階として、言語によってこうした偏りが生じる理由は何かという問いが今後の課題として提示され得るであろう。

くるかを簡単に述べておこう。

　まず(ア)について。本書はこの分類に倣って考察を行っていく。具体的には、「といえば、といったら、というと」が提題標識として用いられる文の表し得る叙述の類型が上記の分類のどれに該当するかを主に述べることになる。この点については、特に第3章、第5章、そして第6章において触れることになる。

　続いて (イ) だが、これは従来の「日本語は主題卓越型言語である」という捉え方が「『主題-解説』構造が日本語の文構造の基本モデルである」という捉え方へと展開した点が重要である。「主題卓越」という捉え方の下では「主語と主題のどちらが卓越しているか」といった対立、つまり有題文と無題文の対立という観点での議論が起こりやすい。ところがそれが、上記の文構造の基本モデルという捉え方へと展開した現在、新たな問いが発生するのである。その問いとは、「主題-解説」構造が文構造の基本モデルであるのならば、有題文と無題文の対立以外の場面においても、その影響が見られるのではないか、というものである。事象叙述文が場面によって、属性叙述文の「主題-解説」構造を利用することがあるのは既に確認した通りである。これは、基本モデルが他の表現に影響を及ぼしている現象の1つだと言えるだろう。このように、日本語の基本的な文構造のモデルとされる「主題-解説」構造が提題文以外の表現の形成にも影響を与えている現象は他に見られないだろうか。「基本」というからには、そうした影響が他に見られてもなんら不思議ではない。そして、こうした現象が確認できれば、それだけ上記の「主題-解説」構造が文の基本モデルであるとする説の妥当性が高まることになろう。本書では第4章でこの点について考察したい。具体的には、幾つかの拡張的表現の背後には「主題-解説」構造に類する関係性が見出せることを指摘する。このことは、表現の拡張が「主題-解説」構造をモデルとして生じていることを示唆することになるし、延いては、上記の日本語の文構造の基本モデルに関する説の妥当性を示すことになる。

　最後に (ウ) を見ていこう。現代日本語においては、「は」を用いた提題文はその用いられる範囲の広さもあって、叙述の類型との結びつきがそれほど

3. おわりに

明確だとは言えない。現に、事象叙述文でありながら、「は」を用いた提題文として表現されている文は (21) (22) のように容易に見つけることができるのであった。では、叙述の類型と文の構造との対応関係の指摘は現代日本語においてはそれほど重要な意味を持たないことなのであろうか。これは、文の構造と意味との対応関係を考察する文論の立場から見ても興味深い問題である。ちなみに、この疑問について本書は否定的である。本書では、現代日本語において、叙述の類型と文の構造との間の対応関係を見ることは意義のあることだと考える。この点については、第5章で述べたい。

このように、本書は主に「叙述の類型」についての先行研究の成果に基づきながら、現代日本語における言語現象について考察を行うものである。そのために、まずは考察対象となる現象を提示しなければなるまい。そこで、次の第3章では、本書の考察対象である「といえば、といったら、というと」という引用形式を用いる表現にはどういったタイプが存在するのかを観察する。これは言わば、第4章以降で考察対象となる諸現象の導入にあたると言って良いだろう。

第3章

引用形式を用いた文の広がり
―「といえば、といったら、というと」を中心に―

　この章では、引用の助詞「と」に動詞「言う」のレバ形式（「いえば」）、タラ形式（「いったら」）、そしてト形式（「いうと」）が後接してできた形式「といえば、といったら、というと」が用いられる文にはどのようなタイプが存在するのか考察する。これらの形式は、引用構文はもちろんのこと、提題文やそれ以外の幾つかのタイプの表現で用いられる。そこで本章では、それらのタイプを提示し、次章以降の考察につなげたい。
　本章では次のことを述べることになる。
ア．「といえば、といったら、というと」の3形式が共通して用いられる文には大きく【引用構文】【連想文】【課題設定文】【提題文】【話題転換文】の5種類が存在する。
イ．「といえば、といったら、というと」の中の一部の形式のみが用いられる文には【反復文】と【応答文】とが存在する。

第3章　引用形式を用いた文の広がり

1. はじめに

　本章では、引用の助詞「と」に動詞「言う」が後接してできた「という」の条件形である「といえば、といったら、というと」が用いられる文の用法を観察する。これらの形式が引用構文だけでなく、様々な文において用いられることは既に幾つかの先行研究においても指摘のあるところである。しかし、それらの用法が網羅的に挙げられているかと言うと、必ずしもそうとは言えず、また、存在が指摘されている用法であっても、具体的にどういった働きの文であるのか、そして各用法間の関係について詳しい考察はなされていないのが現状である。
　こうした現状を受けて本章では、「といえば、といったら、というと」が用いられる文にはどういったものが存在するのか、できる限り網羅的に提示したい。そして、それらの用法間にはどういった共通点や相違点があるのかを考えていく。また、本章では、「といえば、といったら、というと」の3形式に共通して見られる用法を中心に扱うが、中にはこの3形式のうちの一部にのみ見られる用法も存在する。そして、そうした一部の形式にのみ見られる用法は、従来その存在が指摘されることはあまりなかった。そこで本章では、そうした用法についても概観することにしたい。
　本章の構成は次の通りである。まず2節で「といえば、といったら、というと」を用いた文の用法を示し、その特徴を考察する。次に3節では、2節で提示した各用法の前件と後件の関係について考えたい。同じ「といえば、といったら、というと」の連結ではあるが、用法によってその連結の仕方にレベル差が生じていることを指摘する。そして4節では「といえば、といったら、というと」の中の一部の形式にのみ見られる用法を取り上げることにする。従来あまり考察されることがなかったため、その存在を確認しておきたい。5節は本章のまとめである。
　それでは次節より、「といえば、といったら、というと」を用いた文の用法を観察していこう。

2. 「といえば、といったら、というと」を用いた文の広がり

　ここから用法を観察していくことにする。既に述べたように、本書は、引用の助詞「と」に発話を表す動詞「言う」の条件形の中でも「いえば、いったら、いうと」が後接してできる形式「といえば、といったら、というと」について考察を行う。

　この「といえば、といったら、というと」の形式群、あるいはこれらの中の一部は従来、「言う」の動詞以外の用法としては、広義提題標識としての用法が指摘されることが多かった。しかし、上記 3 形式が用いられるのは引用構文において動詞として用いられる場合と主題を提示する場合とに限ったことではない。そこで本章では、「といえば、といったら、というと」が用いられる文を整理していくことにする。そして、この整理に基づいて次章以降の考察を行う[1]。

　上記のような目的により本節では、これら形式群が用いられる用法にはどういったものがあるのかを観察したい。そのことにより、結果として、従来その存在が指摘されてきた提題文の指す範囲もより明確なものとなるであろう[2]。

2.1　先行研究概観

　具体的な用法を挙げる前にまずは、考察対象が本書と一部重複する先行研究に簡単に触れておきたい。管見の限りでは、先に述べた、用法間の差異を明確にするという目的のもとに「といえば、といったら、というと」の用法を網羅的に挙げた研究はあまり見られない。しかしその一方で、これら 3

---

[1]　提題標識をめぐっては、「は」のみに限定する立場もあれば、「って」や「というと」、あるいは無助詞等も含め幅広く捉える立場もあると考えられる。本書は提題標識を広く捉えるものである。本書で扱えない提題標識については三上（1960）、尾上（1985, 1990, 1995, 2004）、益岡（1987, 1991, 2004）、菊地（1995）、野田（1995, 1996）、堀川（2012）等を参照されたい。

[2]　なお、本章の観察は共時的な観点からのものであり、歴史的な変化を踏まえた通時的な観察はここでは行わない。

形式の用法の一部を辞書的に記述した研究は幾つか見られる。そうした研究の代表的なものとしては、森田・松木(1989)、日本語記述文法研究会(編)(2009a)が挙げられるだろう[3]。これらはいずれも用法の記述を主たる目的としたものであって、用法間の関係の考察までは目的としていないものの、その中で提示された用法は広範囲に及び、本書が扱うものも含まれている。そこで、本章でも必要に応じてこれら各研究に触れることにしたい。

また、この他に、本書の考察と深く関わる研究として藤田(2000)も取り上げることにする。藤田(2000)は引用構文を考察の中心とするものだが、その中で引用形式由来の複合辞についての考察も行われている。ただし、その考察対象は「といえば、というと」に限られており、「といったら」が「といえば、というと」とは同列に扱われていない点は本書とは異なる。しかし、そこで行われている考察は引用構文と提題文とを視野に入れながら用法について論述したものという性格を帯びており、それは本書の目的にも近いものである。また、その考察の過程で提示されている用法には、本節で扱うものも含まれている。こうした理由から、本書では必要に応じて藤田(2000)にも触れることにしたい。

2.2 3形式に共通する用法

まずは、「といえば、といったら、というと」の3形式全てに共通して見られる用法から概観していこう。ここで挙げる用法は【引用構文】【連想文】【課題設定文】【提題文】【話題転換文】の5つである。

詳細は以下、本文で述べていくことになるが、まずは便宜的に各用法の特徴を簡単にまとめると次のようになる。

---

[3] これらの他に、引用形式を文法化(grammaticalization)の観点から観察した砂川(2006)、松木(2006)もある。これらの研究は、「といえば、といったら、というと」の用法の詳細を考察した研究というよりも、「といえば、といったら、というと」に加えて「という」「って」「ったら」等、引用形式由来の複合辞全般を対象に、それらの諸用法が文法化のどの段階にあるかを考察したものである。

表1：本書が提示する用法

引用構文	条件構文の前件に引用構文が生起する (例：暖かい物が飲みたいと言えば、珈琲が出てきます)
連想文	前件で受信した情報から連想することを後件で述べる (例：神戸というと、珈琲を連想します)
課題設定文	前件に疑問表現が生起し、後件でその解答が提示される (例：珈琲が似合う街はどこかといったら、やはり神戸だろう)
提題文	引用形式が提示する主題の属性や指示対象等を述部で述べる (例：珈琲が似合う街といえば、やはり神戸だろう)
話題転換文	前件の情報から想起する事柄を後件で述べる (例：仕事で神戸に行ってきました。そうそう、神戸といえば、先日、とても素敵な喫茶店を見つけたんです)

【引用構文】については、「言う」が使われる表現としては、とりたてて紹介する必要も無いと感じられるくらい広く認知されている表現だとは言えるが[4]、他の用法との比較のために、ここでも取り上げることにした。また、引用構文の中にも本書の観点から見て興味深い用法（評価や属性を述べると考えられる用法）が一部見られるため、その点にも言及したい。

なお【連想文】【課題設定文】【提題文】【話題転換文】における（「といえば、といったら、というと」に含まれる）「いう」は【引用構文】におけるそれと比べると、その性質に違いが見られる。本書では、この違いは【連想文】【課題設定文】【提題文】【話題転換文】における「いう」が典型的な動詞とは異なる働きをしていることを示していると考える。この違いを示すために、本章では、「いう」の動作主が生起可能であるか、そして「いわない」という否定の形に活用できるか否かといった点を確認する。また、それと関連して、各「いう」が独立して用いられるか否かを調べるために、「と」と「いう」の間への助詞や修飾語等、他の要素の挿入の可否を確認する。

2.2.1 引用構文

それでは、引用構文において「言う」が「いえば、いったら、いうと」と

---

[4] 引用構文の定義をめぐっては、砂川 (1987)、鎌田 (2000)、藤田 (2000, 2014) 等による議論を参照されたい。

いう形式で用いられている例を観察することから始めたい。この用法は、条件構文の前件に引用構文が生起する表現とまとめることができる。そこでここでは、この条件構文の後件で述べる内容の異なりによって、この用法を2つに下位分類してそれぞれの用例を観察していくことにしたい。以下、後件が事象を述べるもの、後件が属性・評価を述べるものの順に見ていくことにしよう。

2.2.1.1　「事象＋事象」タイプ

　実際に各形式の具体例を見ていこう。まずは、後件が事象を述べるタイプの例から見ていくことにする。それぞれ、(1)〜(3)が「といえば」、(4)〜(6)が「といったら」、そして(7)〜(9)が「というと」の例である。

〈といえば〉

(1)　日本の産業界では、鉄鋼業を除いて、エンジニアリング部門が別であるために業界協調が歯抜けになる。つまり、化学業界が「ノー」といっても、エンジニアリング会社が「イエス」といえば、化学プラントの輸出ができるわけである。

　　　　　　　（BCCWJ：大前研一「世界が見える／日本が見える」）

(2)　ぼくは、ひどくふるえる声でたずねた。シルバーは、ふざけたように話しているが、ぼくが、仲間にはいるのをいやだといえば、殺すつもりなのだ。ぼくは、ほっぺたがほてり、心臓が痛いほどなりひびいた。

　　　　　　　（BCCWJ：R・L・スティーヴンソン（著）、阿部知二（訳）「宝島」）

(3)　反抗期の子どもをリードする二つめは、逆手をとることです。子どもは反対のことをしたりいったりする特性があります。「手をつなぎましょう」というと「いやだ、つながない」、「こっちを歩くのよ」といっても反対側を歩いたりします。この場合に「じゃ手をつながなくてもいいわ」と肯定すると、子どもは母親が手をつながなければいけないというに違いないと思っていたのに、手をつながなくてもいいと

2. 「といえば、といったら、というと」を用いた文の広がり

いわれたので、こんどは「手をつなぐ」と反対します。「ごはんを食べるのよ」といえば「食べない」と反対するこの特性を逆手にとるわけです。

(BCCWJ：木内俊夫「子どものための交通安全知恵袋」)

〈といったら〉

(4) 「彼は、あらかじめ、六時とか六時半に、良子さんと京都市内のどこかで待ち合わせをしていた。たとえば、都ホテルロビーとかで。そして、彼女には、新都ホテルで待っていたという。都ホテルと、新都ホテルでは間違いやすいから良子さんは納得する。ホテルでなくても、喫茶店でもいいんだ。まぎらわしい名前だったらね」「なるほど。最初っから、アリバイのため嘘をついてくれといったら、良子さんも承知しないかもしれないけど、行きちがいかもしれないと思えば、ずっといたと証言するというわけだ」

(BCCWJ：山村美紗「紫式部殺人事件」)

(5) 昨日年上の男性(今私が片想いなのですが…)とメールしていて、私にだんだん自信がなくなってしまい、つい相手に『自分が情けなくなってきました…もう私のコト忘れて下さい…』といったら、『いい加減にしろ！なんだその言い方！忘れるわけないだろ！いじけてるならいじけてろ。俺は寝る。』といわれてしまいました。

(BCCWJ：「Yahoo! 知恵袋」)

(6) こういうのは、開き直ったほうが勝ちである。女が、「誰がなんといおうと、私は生む」といったら、男はおろおろするばかりだし、逆に、「生みたけりゃ勝手に生め」と男が突っぱねたら、心細くなってくるのは女のほうである。

(BCCWJ：渡辺淳一「愛のごとく」)

〈というと〉

(7) その夜、譲二からミキに電話がかかった。「森助教授のことわかったよ。家は堀川三条のマンションで、家には、奥さんと子供が一人いるって。奥さんは、洛北大学の文学部長の石塚教授の娘さんなんだっ

35

て」「じゃあ、不倫がバレたら大変ね」「だから、陽子さんが、必死になってるんだろうね」譲二は、ため息をついた。「麻里のお父さんに、手紙書いたらどうかしら？娘が陽子さんに殺されたのかもしれない<u>というと</u>、やっぱり、あわてるんじゃない？」「やめた方がいいよ。それより、良介さんの彼女に、このことを教えたら、一生懸命調べるんじゃないかな」

（BCCWJ：山村美紗「不倫家族殺人事件」）

(8) 彼女が、「ねえ、あなた、お疲れでしょう。さ、少しお休みになったら…」<u>というと</u>、ハンはすでに死の近いことを予感したのかニコッと笑うと、「そうだね、どっちみちそういうことになるだろう…」といって目を閉じた。

（BCCWJ：志鳥栄八郎「大作曲家とそのCD名曲名盤」）

(9) イーストエンドに残るウナギの料理店で、ドンッとサービスされるイール＆マッシュ。イギリス人もウナギを食べる<u>というと</u>、ウナギは自分たちの専売特許だと思っている日本人はたいてい驚く。が、ウナギはイギリスでも中世にはすでに料理法がいくつか確立していたほどの、伝統的な食材なのである。

（BCCWJ：斎藤理子「イギリスを食べつくす」）

以上が引用構文において動詞「言う」が「といえば、といったら、というと」という形で用いられているものである。引用構文が条件構文の前件に用いられている表現であるので、それぞれ後件の成立が前件の成立に依存しており（益岡（1997, 2002））、その前件で表されるのは誰かが何かを「言う」という事象だとまとめることができる。そしてその後件で述べられている事態も、「輸出する」「殺す」「反対する」「承知する」「言う」「おろおろする」「あわてる」「ニコッと笑う」「驚く」と、事象を述べる表現としてまとめることができる。

条件構文に関する先行研究でも明らかにされているように[5]、レバ形式(と

5　詳細は有田（1993, 1999, 2006）、前田（2009）等を参照のこと。

いえば)、タラ形式（といったら)、ト形式（というと)、それぞれの同一形式内においてもその働きは多様である。上の例をもとにその一端を挙げると、上記の例は、仮定的な事柄を述べる例（(1)(2)(4)(7))、事実的な事柄を述べる例（(5)(8))、そして非一回的な事柄や習性等を述べる例（(3)(6)(9))として解釈することが可能である。この場合の「といえば、といったら、というと」の働きは従来の条件構文に関する研究で考察されてきた成果の中に位置づけることが可能であろう。

　既述のように、この場合の「といえば、といったら、というと」の「言う」は動詞として用いられている。このことは、「言う」が動詞の持つ一般的な特徴を示すことから確認できる。以下、その特徴を数点確認していこう。

　1点目として、上の例文からも分かるように、引用構文における「言う」は基本的には「言う」の動作主(「～が」)の生起が可能であることが指摘できる[6]。これは、この前件が「誰かが何かを発言する」という事象を述べていることを表していると言えよう。

　動作主の生起と関連して、(2)の「といえば」の例や(5′)の「といったら」の例、そして(9′)の「というと」の例からも分かるように、このタイプは話し手自身を「言う」の動作主にすることも可能である。

(5′)　<u>私がつい相手に『自分が情けなくなってきました…もう私のコト忘れて下さい…』といったら</u>、『いい加減にしろ！なんだその言い方！忘れるわけないだろ！いじけてるならいじけてろ。俺は寝る。』といわれてしまいました。

---

[6] ここで「基本的には」としたのは、この引用構文における「言う」であっても、例えば(9)のように文脈的にも統語的にも動作主の特定が困難である（あるいは、特定する必要が無い）場合があるためである。しかし、この場合は、「言う」が動詞としての性質を失っているというよりも、述べられているのが非一回的な事柄であり、特定の人物の行為とは限らないため、動作主が必要ないと考えることができる。こうした非一回的な事柄が特定の人物の行為を表すとは限らない現象は「言う」に限ったことではない。例えば「噂をすれば影がさす」において「噂をする」は特定の人物の行為とは限らないが、動作ではあると言える。

(9′)　私が、イギリス人もウナギを食べるというと、ウナギは自分たちの専売特許だと思っている日本人はたいてい驚く。

　このことから、引用構文において述べられる事象は、話し手が観察した他者の参加する事象に加え、話し手自身を客観視した（自己を分裂化（displacement）した）事象も含まれることが分かる。これは、後に見る用法とは異なる点であるので、ここで指摘しておく[7]。
　2点目に、一般に動詞は否定形にすることができるが、この引用構文における「言う」もやはり、次のように否定形にしても容認度の高い表現のままであることが指摘できる。

(1′)　エンジニアリング会社が「イエス」といわなければ化学プラントの輸出ができないわけである。
(4′)　アリバイのため嘘をついてくれといわなかったら、良子さんも承知しなかったかもしれない。
(7′)　娘が陽子さんに殺されたのかもしれないといわないと、やっぱり、あわてないんじゃない？

　これも、1点目に指摘したことと関連して、この「言う」が「『誰かが何かを発言する』という事象の存在・非存在」といった事柄を表していることの現れだと考えることができよう。つまり、この場合の前件は、話し手がその存在を視界に収めた「誰かが何かを言う」という事象を提示しているとまとめることができる。
　ここまでは、「言う」という動詞に注目した考察であったが、「と＋言う」全体に注目した時に指摘できる点として、この場合の「といえば、といったら、というと」は、引用の助詞である「と」と「いえば、いったら、いうと」の間に他の要素を挿入することが可能である点が挙げられる。

---

[7]　本文中でも述べたように、話し手自身が「言う」の動作主の場合は、話し手が自己を客観視してその事象を捉えていると言うことができる。この点については、池上嘉彦の事態把握に関する一連の研究も参照されたい（池上 (2000, 2004, 2005, 2006, 2008, 2009, 2011, 2012)）。

(3′) 「ごはんを食べるのよ」と優しくいえば「食べない」と反対するこの特性を逆手にとるわけです。
(6′) 女が、「誰がなんといおうと、私は生む」とだけいったら、男はおろおろするばかりだ。
(9″) イギリス人もウナギを食べるとはっきりいうと、ウナギは自分たちの専売特許だと思っている日本人はたいてい驚く。

　これは、「と」と「言う」の間の緊密性が低いこと、つまり、「と」と「言う」の間の境界が保たれていることを示す現象である。以下で確認する用法とはこの点においても違いが見られるため、ここで指摘しておく。
　このように、典型的な引用構文が条件構文の前件で用いられている場合、その動詞「言う」は一般的な動詞と共通する性質を見せることが分かる。そしてこの前件は、時空間上で起こる（あるいは、起こると仮定される）、「何かを言う」という事象を提示しているとまとめることができるのであった。
　以上、ここまでは前件が引用構文で、それと因果関係にある他の事象が後件で述べられている条件構文（「といえば、といったら、というと」を用いた条件構文）を観察した。次に、同じく引用構文が条件構文の前件で用いられている表現ではあるのだが、後件が前件の事象に対する評価や属性を述べていると考えられるタイプを観察したい。

2.2.1.2　「事象＋評価・属性」タイプ

　2.2.1.1 で観察した用例に共通するのは、前件の「言う」という事象と何らかの因果関係にある事象が後件で述べられているという点であった。言うなれば、「事象＋事象」の組み合わせであったと言える。しかし、「言う」が「いえば、いったら、いうと」の形をとる引用構文が用いられるのはそれだけではない。以下の例を見られたい。前件において何かを「言う」という事象が述べられている点はこれまでのものと同様であるのだが、後件に違いが見られる。

第3章　引用形式を用いた文の広がり

〈といえば〉

(10)　黒岩氏自身はクリスチャンではないようだが、彼の文学にはほとんど宗教を思わせる求道的なものが感じられる。このひたすらな求道心が不遇な生活のなかにあって彼を文学に向かわせ、その理想主義的な性格をつくりだしたのだといえば、少なくとも比喩としてはわかりやすいだろう。

（BCCWJ：郷原宏「夜の光芒」）

(11)　昔は「一人の女は乗せるな」といわれていた。女は経済観念にたけているからといえば聞こえはいいが、ハッキリいえばケチだからだ。まちがってもメーターの出る遠距離には利用しないというのが、通説になっていた。

（BCCWJ：神保史郎「タクシードライバーのとっておきの話」）

〈といったら〉

(12)　笛吹けど躍らずといったら失礼か──しかし、ETC（料金自動収受システム）の普及を見ていると、そんな言葉が頭をよぎる。今夏の時点で普及率は3％にも達しておらず、ETCが渋滞緩和に効果をあげているとはいえない。

（BCCWJ：牧野茂雄、Dr. IWASAKI「CAR and DRIVER」）

(13)　何かをやるために、男と女が共振する。これがレイン法だ。いい気持ちを男と女が、温め合って、共に獲得する。これがベイトソン法だ。レイン法は討ち死にし、ベイトソン法は野垂れ死にするといったら、言い過ぎだろうか。

（BCCWJ：Yahoo! ブログ）

〈というと〉

(14)　室町時代の文化と芸能が、いわば義政のすさびの所産によって華ひらいたというと言いすぎかもしれないが、権力と贅沢と大酒に飽いた将軍の空虚が描いた幻が、いわば日本美となって、結露したようなもので、日本人の好む床の間芸術や四帖半趣味は、この頃に起源している。

2. 「といえば、といったら、というと」を用いた文の広がり

(BCCWJ：邦光史郎「時の旅人」)

(15) 自分たちの演劇部では限界がある、男しかいないから。だから、やりたい芝居と自分が書く芝居とははっきり分けていました。プロ意識というと変ですけれども、要するにやれない芝居はどんなに書いてもしょうがないというのがあったんです。

(BCCWJ：髙橋克彦「小説家」)

まず、上記の例の前件が、先に見た「事象＋事象」のタイプと同様に何かを「言う」という事象を表していて、かつ「と」と「言う」の境目が明確に見られることは、以下のように、「言う」の動作主の生起やその否定化((10′)(12′)(14′))、そして「と」と「言う」の間への他の要素の挿入が可能((11′)(13′)(15′))である点から確認できる。

(10′) あなたが、その理想主義的な性格をつくりだしたのだといわなければ、わかりにくいかもしれない。
(12′) 私が笛吹けど踊らずといわなかったらかえって失礼か。
(14′) 彼が義政のすさびの所産によって華ひらいたといわないと言葉が足りないかもしれない。
(11′) 女は経済観念にたけているからとだけいえば聞こえはいいが、ハッキリいえばケチだからだ。
(13′) レイン法は討ち死にし、ベイトソン法は野垂れ死にするとまでいったら、言い過ぎだろうか。
(15′) プロ意識とだけいうと変ですけれども。

しかし、既述のように、先に観察した(1)～(9)とは異なり、この(10)～(15)の後件は、前件の「何かを『言う』」という事象に対する評価や前件の

第 3 章　引用形式を用いた文の広がり

属性を述べている[8]ことが分かる[9]。例えば、(10)であれば「『このひたすらな求道心が不遇な生活のなかにあって彼を文学に向かわせ、その理想主義的な性格をつくりだしたのだ』と言う」ことが「(比喩として)わかりやすい」こと、(12)は「『笛吹けど踊らず』と言う」ことが「失礼」であること、そして(14)は「『室町時代の文化と芸能が、いわば義政のすさびの所産によって華ひらいた』と言う」ことが「言い過ぎ」であると述べられていることが確認できよう。いわば、この(10)〜(15)の前件はその事象が評価や属性付与の対象になっているといったように、(1)〜(9)とは文の中における位置付けに違いが見られるのである。

　このことと関連して、後件で評価や属性を述べる場合、その後件に「それは」等、評価の対象となる前件を指示する名詞を挿入することができる。

(10″)　このひたすらな求道心が不遇な生活のなかにあって彼を文学に向かわせ、その理想主義的な性格をつくりだしたのだといえば、それは少なくとも比喩としてはわかりやすいだろう。

(12″)　笛吹けど踊らずといったら、それは失礼か。

---

[8] 他にも以下のように後件が「〈評価・属性〉＋になる」という形をとるものも存在する。これは、形の上では「〜になる」という事象(変化)の形をとってはいるものの、意味的には結果として前件の評価や属性を述べることになるため、(1)〜(9)と(10)〜(15)の中間に位置づけられよう。

(i) その店で忠治は、函入りティッシュペーパーをひとつ買った。定価だった。婆さんは函の胴体に薄紙を巻き、ゴムバンドをはめ、「ありがと」とか細い声で言った。定価だったことに、感動といえば大げさになるだろうか、忠治は胸が熱くなった。この気持ちを人に伝えるには、ながい説明が要るだろう、と忠治はその時に思った。
(BCCWJ：吉川良「どうせなら中産階級」)

(ii) レンズのコーティングと富士のフィルムとの相性がとくによいと感じられるのは、同属会社の強みのせいだろうなといったら、ゴマすりになるのだろうか。
(BCCWJ：吉野信「復活レンジファインダーカメラ」)

(iii) 編集長職であった私の意識のなかに、そういった出世意識がなかった、というと嘘になる。
(BCCWJ：嵐山光三郎「徒然草殺しの硯」)

[9] 「といえばいい、といったらいい」等、評価的な意味を表す固定化したイディオマティックな表現も幾つか見られる。

2. 「といえば、といったら、というと」を用いた文の広がり

(14″) 室町時代の文化と芸能が、いわば義政のすさびの所産によって華ひらいたというと、それは言いすぎかもしれない。

また、(1)〜(9)のタイプとの更なる違いとして、(タラ形式、ト形式であっても)過去の一回的な出来事を表す「事実的用法」が不可能である点が指摘できる[10]。

(13″)*レイン法は討ち死にし、ベイトソン法は野垂れ死にするといったら、言い過ぎだった。(cf. レイン法は討ち死にし、ベイトソン法は野垂れ死にするといったら、怒鳴られた。)
(15″)*プロ意識というと変でした。(cf. プロ意識というと、妙な顔をされました。)

これには、事実的な出来事に対する評価が不可能であるとでもいうような一般的な理由が存在するわけではない。それは次のように前件に形式名詞を用いて名詞相当の表現にし、それに対して評価を付与する表現にすると容認度が上がることから確認できる[11]。

(13‴) レイン法は討ち死にし、ベイトソン法は野垂れ死にするといったのは、言い過ぎだった。
(15‴) あの時、プロ意識といったのは変でした。

また、その評価が誰によるものか、という点も問題になるが、それは当該の文の話し手による評価に限られると考えられる。もちろん、以下のようにすれば、話し手以外の他者による評価を表すことは可能である。

---

10 こうした事実的な用法は主にタラ形式、ト形式において見られる用法とされる(蓮沼(1993))。

11 この他にも「*『笛吹けど踊らず』と言ったら、良かった」とすると容認度が低い表現だが、それを「『笛吹けど踊らず』と言ったら、良かったのに」のように、過去のことについて反事実的に評価を述べるような読みにすると容認度が上がることからも、やはり後件で評価や属性を述べるタイプは事実的な用法では用いられにくいことが確認できる。

第3章　引用形式を用いた文の広がり

(11″)　女は経済観念にたけているから<u>といえば彼</u>は聞こえがいいと思うかもしれない。

　この場合、「聞こえはいい」と評価するのは「彼」である。しかしこうなると既に、(11″)は前件の「何かを言う」という事象によって、後件の「聞こえはいい『と思う』」という事象が引き起こされるという、「事象＋事象」のタイプとなってしまっているのが分かるだろう。
　このように、前件に引用構文が位置する条件構文には、後件で事象を述べるものと、話し手による評価や当該の事象の属性を述べるものとが存在するが、後者の場合、その評価や属性を付与するのは話し手自身であり、かつ、過去の一回的な評価や属性を述べる事実的な用法は容認度が低いことが確認できる。
　そもそも、何らかの事象に対して評価を下すのは珍しいことではない(cf.「あーあ、財布落としちゃった」「うわ。<u>最悪</u>だね」)。この「事象＋評価・属性」のタイプはそのやりとりが(複文ではあるが)一文の中で行われている表現だとも言えるだろう。
　また、この後件で評価等を述べる用法の中には、次のように「何かを言う」という事象に対してではなく、その発言の内容そのものの評価等を述べていると考えられるもの(少なくとも、前件の事象全体を評価の対象としているのか、引用節内の発話のみを評価の対象としているのかの判断が困難なもの)も見られる。

(16)　人に利用される<u>といえば</u>言葉は悪いですが、でも木川田くんは、人に利用されることには慣れていました。

　　　　　　　　　　　　　(BCCWJ：橋本治「無花果少年と桃尻娘」)

(17)　裸婦の表現に対してきわめて寛容であったヴェネツィアの画家たちも、表向きは、女神やニンフとして裸婦を描いていた。もちろんそれは単なる口実に過ぎない<u>といえば</u>その通りである。だがその口実がなければ裸婦を描けなかったとしたら、口実は画家にとってきわめて重要な意味を持っていたはずである。

2.「といえば、といったら、というと」を用いた文の広がり

(BCCWJ：高階秀爾「ゴヤの世界」)

(16)の「言葉は悪い」は、意味的に「『人に利用される』と言う」という行為に対する評価というよりも、「人に利用される」という言葉自体に対する評価だと考えることも可能である。その点で、文内における前件と後件の関係は評価を述べる場合の引用構文を用いた条件構文と似たものとなってはいるものの、その評価の対象の範囲に違いが見られるのである。(17)も「その通り」とは、発話行為に対するというよりも、「それは単なる口実に過ぎない」という発話内容に対する評価であると考え得る。こう考えてみると、この後件において評価等を述べる用法というのは、「誰かが何かを『言う』」という事象に対する評価等を述べるものと、その発言の内容に対する評価を述べるものとが連続したもの(その境界が明確ではないもの)として捉えられることが分かる。

以上、ここまで条件構文の前件に引用構文が位置する表現について考察してきた。このタイプには大きく、「事象(前件)＋事象(後件)」のタイプと「事象(前件)＋前件の評価・属性(後件)」というタイプとが見られることが分かった。そして、後者に関しては、「事象(前件)」である発話行為に対する評価を述べるものと、その発話行為によって表された表現そのものに対する評価を述べるものとが連続的であることが明らかになった。

この両者の前件はどちらも、事象を表していると考えられる点は一致している。しかし、一方が観察された事象を述べているのに対して、他方は評価や属性付与の対象という意味合いも帯びている点で、文全体における存在理由に異なりが見られる。また、「事象＋事象」の場合、前件は後件を引き起こした「原因」として捉えることができるのに対して、「事象＋評価・属性」の場合の前件である「評価・属性付与の対象」を「原因」という言葉を使って言い換えるなら、「評価や属性の付与を導き出す原因」という話者の内面的・心理的な関係として捉えることができるだろう。

第 3 章　引用形式を用いた文の広がり

2.2.2　連想文 [12]

　続いて、本書が「連想文」と呼ぶタイプの表現を観察していこう。

　「といえば、といったら、というと」には、「いう」の「誰かが何かを発言する」といった具体的な動作的意味が薄れ、「当該の情報の受信・認識」とでもいった意味を表すような用法が見られる。次に挙げるのは、「いう」と後件に生起する動詞（これは認識・思考を表す動詞に限定される）とで「前件を受信・認識することで、後件を連想する」といった関係が表されているタイプの文である。

〈といえば〉

(18)　レーガン前大統領が、ハリウッド出身であるというのは、できすぎた話ではあるが、いわれのないことではないのである。ハリウッドといえば、ミュージカル映画『オズの魔法使い』のフィナーレを思い出す。

　　　　　　　　　　　　　　（BCCWJ：武田勝昭「ことわざのレトリック」）

(19)　このあたりが、例の南部鉄の産地か。待てよ、南部鉄は岩手県だと思っていたがな。鉄のことなどどうでもいい。南部といえば、俺がまっ先に考えるのは酒造りの杜氏だ。

　　　　　　　　　　　　　　　　（BCCWJ：風間一輝「男たちは北へ」）

〈といったら〉

(20)　小西　僕はね、三つの時に、恵比寿に来たから、やっぱりなんか恵比寿とか渋谷とか、その辺しか知らないっていう感じで。今もそれは同じかもしれない。

　　　　小室　じゃあ、あそこら辺の街の雰囲気ですか、潜在的な東京のイメージは？

　　　　小西　そうでしょうね、きっと。

　　　　小室　僕も含めて多くの人がピチカート・ファイヴといったら、当

---

[12] これ以降、「言う」の「発話・発言」を表す意味が後退していると考えられる場合、区別をするために「いう」と表記する。

2. 「といえば、といったら、というと」を用いた文の広がり

　　　然、渋谷とか代官山とかを連想するけど。
　　小西　武蔵小山ですけどね。
　　　　　　（BCCWJ：小室哲哉、小西康陽、株式会社幻冬舎、野宮真貴
　　　　　　　　　　　　　　　　　　　　　「With t 小室哲哉音楽対論」）
(21)　くるみ(胡桃)は、クルミ科クルミ属の落葉高木の総称。花の咲いている時期(ママ)5～6月です。果実の核はきわめて堅く、中の種子は食用となるほか、塗料などにも用いられています。花言葉は「知性」、「知恵」、「英知」です。くるみといったら、やはり実を連想します。ですが木に生っているのは初めてみました。
　　　　　　　　　　　　　　　　　　　（BCCWJ：Yahoo! ブログ）

〈というと〉
(22)　誰もが心を自由に泳がせることができる、お互いに迷惑をかけない、というルールのもとにしたタテ社会が、自然に存在している。タテ社会というと、大ていの人は上下関係を思い浮べる。
　　　　　　　　　　　（BCCWJ：吉田きみ子「絵に見る子どものサイン」）
(23)　入口のところで待ちかまえていた女の子にういろうを貰った。その日のテーマは「名古屋ういろう篇」なので、まずはそれをたべながら、全編食べものの話でまとめていこうということになった。名古屋というとすぐ思いうかぶのは名古屋コーチンとエビフライと天むすだが、そのほかにもミソカツや小倉トーストという絶品があるという。
　　　　　　　　　　　　　　　　　（BCCWJ：椎名誠「むはのむは固め」）

　このタイプの文を以下、本書では連想文と呼び議論を行っていくことにする。ここに挙げた例における「いう」に注目されたい。これらの文意にあった他の語句を挙げるとすれば、「言う」よりも「聞く」のような「情報を受け取る、認識する」に近い意味のものだと言うことができる。つまり、何らかの情報の受信・認識をきっかけに後件が生じるという依存関係を述べるのがこのタイプだと言えるのである。このことは、これらの文における前件の「いう」の部分を「聞く」と置き換えても大きな意味の変化は感じられない

第3章　引用形式を用いた文の広がり

点から確認できる。

(18′)　レーガン前大統領が、ハリウッド出身であるというのは、できすぎた話ではあるが、いわれのないことではないのである。ハリウッド<u>と聞けば</u>、ミュージカル映画『オズの魔法使い』のフィナーレを思い出す。

(20′)　僕も含めて多くの人がピチカート・ファイヴ<u>と聞いたら</u>、当然、渋谷とか代官山とかを連想するけど。

(22′)　誰もが心を自由に泳がせることができる、お互いに迷惑をかけない、というルールのもとにしたタテ社会が、自然に存在している。タテ社会<u>と聞くと</u>、大ていの人は上下関係を思い浮べる。

　このように、連想文の前件における「いう」は本来の動詞「言う」とは意味的に異なることが分かる。そもそも、何かを「言う」という行為は、多くの場合その発言を「聞く・認識する」という行為と対になっているものである。連想文における「いう」は、その「聞く」の側面に焦点があたったもの、いわばメトニミー的な意味の異なりがあると言うことができるだろう。

　一方、その後件で述べられる事態はどういったものなのだろうか。ここでは後件に生起する動詞に注目したい。すると、上記例文の後件には「思い出す(18)」「考える(19)」「連想する(20)」「連想する(21)」「思い浮べる(22)」「思いうかぶ(23)」といった身体的な行動というよりも認識・思考的な行為を表す動詞が用いられていることが分かるであろう。そしてこれが、この連想文の後件で述べられる事態の特徴だと言えるのである。上記以外の例を以下に数点挙げてみよう。

【想像する】

(24)　地域研究は、このような政策学的宿命から完全に逃れることは不可能であり、日本書もその例外ではない。特にそのプレゼンスが世界の国々に大きな影響をあたえるであろう国は、徹底的に分析し尽くされなければならない。日本書<u>といえば</u>日本学的な、『源氏物語』の研究

2.「といえば、といったら、というと」を用いた文の広がり

的なものを想像していた牧歌的な時代は終わり、新たな段階に入ったのは間違いない。

（BCCWJ：ベフ・ハルミ、園田英弘「日本とは何なのか」）

【思い浮かぶ】
(25) 「雨のウェンズデイ」大滝詠一本っ当に素敵な曲です。大滝さんの「ロング・バケーション」にも収録されています。雨のつく名曲といったら、真っ先に思い浮かびます。

（BCCWJ：Yahoo! 知恵袋）

【印象をもつ】
(26) いまや企業だけでなく、宗教団体や政党にとってもスポーツは一つのファッションとなりつつあり、世をあげてスポーツ花盛りといった観を呈している。また、テレビやラジオのスポーツ番組にははやくから企業がスポンサーとなってきたし、最近ではスポーツ・イベントに大企業がスポンサーとなる「冠大会」が次々に誕生している。これらはスポーツ・イベントの好感度に便乗して企業イメージを売り込もうというこれまでとは発想の逆転した「広告」の登場ということになろう。ところで、ファッションとしてのスポーツなどというと、一見したところ流行現象の表層に漂うあだ花のような印象をもつかもしれない。実際、そのように泡沫のごとく消え去っていくものも数多く存在する。

（BCCWJ：稲垣正浩「図説スポーツ史」）

【想起する】
(27) 南北戦争後の早い時期に鉄道企業家としてとくに著名になったのは、ニューヨーク・セントラルを大鉄道に発展させたコーネリアス・ヴァンダービルトで、彼はヴァンダービルト財閥の創始者となった。彼はニューヨークの渡し舟の船頭として働きはじめ、汽船会社を経営してから鉄道に進出して大企業家になった。南北戦争後の鉄道建設といえば、第一に大陸横断鉄道が想起される。

（BCCWJ：有賀貞「アメリカ史」）

第3章　引用形式を用いた文の広がり

【イメージする】
(28)　この手帳だけでは、書き込むほどに汚くなり、情報で一杯になり、字が細かくなるばかりか、どれが大切なのかがわからなくなる難があった。しかし、大きさ、軽さは、せめて背広内ポケットに入る程度にどうしてもとどめたかった。そこで出てきたのが、ポストイットとの併用だったのである。この組合せは、これまでの不満を全て解決してくれた。どうしてこんなにすっきりと全てが解決したのか不思議なくらい、これによって不満がなくなった。ポストイットというと、一般の人は、よく本や資料の重要な頁に添付する付箋紙をイメージするかも知れない。しかし、それらはみな小さいものばかりである。
　　　　　　　　　　　　　　（BCCWJ：福島哲司「究極の手帳術」）

　以上のように、このタイプの文の後件で用いられる動詞は、認識的・思考的なものへと偏りを見せるのである。
　次に、「といえば、といったら、というと」という形式の文法的性質について考えることで、この連想文の特徴を更に探りたい。まずは、「いう」の動作主から見ていこう。(19)を例に観察を行うことにする。

(19′)　(#君が／#あの人が) 南部といえば、俺がまっ先に考えるのは酒造りの杜氏だ。

　上記の例を見ると、一見、「いう」が動作主をとれそうにも思える。しかし、この場合の「いう」の意味を確認すると、これまでに観察してきた受信的な意味ではなく、「いう」本来の「発言する」という意味にしか捉えられないことが分かる[13]。そして、この解釈は、2.2.1で見た引用構文としての解釈であって、現在観察している連想文のものではない。
　ここで動作主として挙げているのは、「君」「あの人」と、文の話し手以外の人物の場合のみであった。そこで次に、当該の文の話し手本人が「いう」の動作主として生起した場合はどうであるかを見てみたい。(21)を例にこ

13　「#」は元の文と意味が異なっていることを表している。

2.「といえば、といったら、というと」を用いた文の広がり

の点について考えてみよう。

(21′) *私がくるみといったら、やはり実を連想します。

このように、話し手自身を「いう」の動作主として生起させると、「いう」に見られた受信的な意味が消えてしまうだけでなく、そもそも文として成立しなくなってしまうことが分かる[14]。文として成立しないのは、動作主が生起することで「いう」が受信的ではなく、本来の「発言する」の意味になってしまうため、「自分で言って、自分で連想する」という状況が成立しにくいためだと考えられる。しかしそれを避けるために以下のように、「いう」の動作主と「連想する」の動作主とを別の人物にしてしまうと、今度は引用構文としての解釈しかできなくなってしまうのである[15]。

(21″) 私がくるみといったら、あの人は実を連想するだろう。

以上の観察から、この連想文に見られる「いう」の受信的な意味とは、「いう」という語句だけで表しているのではなく、「いう」の動作主の文内における不在や、後件での思考的意味を表す動詞の生起等の状況によって生じているのだと考えることができる。

また、「言う」を否定形にしたり((18″))、「と」と「言う」の間に他の要素を挿入したり((20″))しても、容認度が下がるか、あるいは「いう」の受信的な意味が消えて、「発言する」という解釈しかできなくなる。このことからも、「いう」の受信的意味は限定された状況において発生するものだと考えることができる。

(18″) *レーガン前大統領が、ハリウッド出身であるというのは、できすぎた話ではあるが、いわれのないことではないのである。ハリウッドとい

---

[14] これを「が」ではなく「は」を用いて「私はくるみといったら、実を連想します」としたら容認度が高くなるが、(21′)の現象に鑑みるに、この場合「私」は「いう」にではなく、文末の述語である「連想する」に係ると解すべきだろう。

[15] また、(20)のようにガ格名詞が生起しても、それは主節述語((20)だと「連想する」)の動作主として解釈されるのも示唆的である。

51

わなければ、ミュージカル映画『オズの魔法使い』のフィナーレを思い出す。
(20″)#多くの人がピチカート・ファイヴとだけいったら、当然、渋谷とか代官山とかを連想するけど。

　また、この連想文は、前件の「いう」と後件の述語との間に因果関係を読み取ることが可能である。例えば、(18)を例にとれば、「いう」と「思い出す」との間に因果関係を読み取ることができる。その他の例も同様である。つまり、この(18)～(23)は全て、「『といえば、といったら、というと』の前接部を受信・認識することで後件を連想する」というように、前件の「いう(既述のように、「発言」というよりも「情報の受信・認識」のような意味ではあるが)」という行為と後件の(認識的・思考的)行為の間に因果関係が存在すると考えられるのである。この、前件の「いう」に呼応する行為が後件に生起している点は、先に見た引用構文とは類似しており、後に見る他の用法とは異なる点である。つまり、連想文における「いう」とは、動作主の生起や否定形の可否等、典型的な動詞としての性質が失われた面も見られるが、その一方で、後件の動詞との係り受けという点では、先の引用構文における「といえば、といったら、というと」と同様、動詞らしさを残していると言うことができるのである。

　以上、本書が連想文と呼ぶタイプの表現を観察してきた。特徴としては、前件の「言う」が「発言をする」といった発信的な意味ではなく、「聞く」のような「受信的・認識的」な意味へと変容している点、そしてそれと呼応して、主節述語も「連想する・思い浮かべる」のような思考的な動詞に偏る点が指摘できた[16]。

16　この連想文の「聞く」的な意味すらも薄まり、単に「何かを知覚・認識する」あるいは、「何かが起こる」といった意味だけになると、次のような文も生じることになる。
(i) 司教様とはいえ、全能の神を説得して、ピクニックの日をお天気にしていただくことすらおできにはならない。いままで、ピクニックというと、いつもひどいお天気になったのですから。
　　　　　　　(BCCWJ：B・M・ギル（著）、吉野美耶子（訳）「悪い種子が芽ばえる時」)

2.2.3 課題設定文

次に、本書で「課題設定文」と呼ぶタイプの表現を観察していこう[17]。後に述べるように、この用法の最初に目に付く特徴として、「といえば、といったら、というと」に前接する部分が疑問表現であるという点が指摘できる。以下に3形式を用いた課題設定文の例をそれぞれ挙げる。

〈といえば〉

(29) 壁にはわら半紙に印刷された小学校の行事予定表が画鋲でとめられていた。学校の行事と共に祭りの日取りも書き込まれているのだが、確かにその数は多い。では、毎日、毎日、にぎやかなどんちゃん騒ぎをくり返しているのかといえば、そんなばかなことはあるわけがない。島の祭りは静かな祭りだった。

(BCCWJ：中沢けい「往きがけの空」)

(30) メキシコ市は富士山にたとえていえば、ほぼ五合目にあたる高原にあり、夏でも十五、六度という快適な気温で、わたしはとても楽しい気分であちこちを見学することができました。ところで、わたしがなぜ、はるか海をへだてたメキシコまで出かけたか、といえば、それはアメリカ大陸のピラミッドについてしらべたかったからにほかありません。

(BCCWJ：たかしよいち「ピラミッドのたから」)

(31) 問題は、まずその種が基本的に依存している寄主を知ることである。その基本的な寄主は、その種が進化する過程で最も深く結びついてきた寄主であろう。セミヤドリガの基本的な寄主は何かといえば、間違

これは「ピクニック（の日）であることを認識する」、あるいは、その「認識する者」の存在すらも背景化し、ただ単に「ピクニック（の日）になる」といった意味になってしまっていると解すべきであろう。

17 岩男 (2012) ではこの用法を「応答」と呼んでいるが、本書では「課題設定文」に改める。そして、「応答」という名称は「というと」にのみ見られる他の用法に用いる（後述）。なお、この「課題設定文」という名称は、益岡 (1991: 第2部第5章) の「説明」に関する議論に基づいている。

第3章　引用形式を用いた文の広がり

いなくそれはヒグラシである。

（BCCWJ：大串龍一「日本の昆虫」）

〈といったら〉

(32) 万一、完璧な名づけができたとしても、その子が必ずりっぱな人間になるか、といったらそんな保証はありませんよね。

（BCCWJ：上田晴美「はじめての名づけ百科」）

(33) 日本の首都は東京じゃありません、東京圏です。日本の首都は神奈川県でもあり、埼玉県でもあり、千葉県でもあるんです。ですから、そういう複合体として日本の首都が、何と、東京の人口は一千百万ですけれども、その首都圏全体を合わせれば三千三百万の人口のヒンターランドがある。この意味合いというものは世界に比類がないんですよ。それを一番だれが知ったかといったら、日本の役人でも政治家じゃない、ビル・ゲイツだ。ビル・ゲイツは、手突っ込んできて、自分の資本出してここに彼のネットワークの王国作ろうと思って、ソフトバンクの孫君なんかと語らってやってきた。

（BCCWJ：「国会会議録」）

(34) 例えばサリンのような、ああいう化学テロに遭った後、日本は何をしたかといったら、何もしなかったですな、国会は。やったのは裁判と合同慰霊祭だけだ。

（BCCWJ：「国会会議録」）

〈というと〉

(35) 失業は急速に増えた。ピークは八十二年二―三月だが、十％近くの九％台となる。街角に、にわか大道商人が増えたり、スリ、強盗、暴動の類いが紙面をにぎわしたのもその頃である。だが、本当に働き口がなかったのかというと、そうでもない。

（BCCWJ：東田直彦「借金国の経済学」）

(36) 今一つ驚いたのは、本の整理の悪さである。ロー・スクールのライブラリーは開架式になっていて、論文やペーパーを書く時は、判例集やロー・リビューを自分で探して、利用した後、棚に戻すというシステ

ムになっている。ところが自分の目指す巻の判例集が五回に一回くらい見つからない。なぜ見つからないか<u>というと</u>、前にその巻を利用した学生が、読み終ったあと、あるいはコピーを取ったあと、元に戻さないからである。

（BCCWJ：阿川尚之「アメリカン・ロイヤーの誕生」）

(37) 学校の帰り道にはより道なんかしちゃいけない。まして買い食いなんてぜったいだめだ。と、いうことになってるんだけど、ぼくとカッポレは最近よくそのきまりをやぶる。団地のそばに、新しい店ができたからだ。店の名まえは「だがしや」。何の店か<u>というと</u>、それはもちろん名まえのとおりの、だがしやさんだ。

（BCCWJ：廣越たかし「初恋はレモンの味？」）

この用法の存在は既に森田・松木（1989）や藤田（2000）、日本語記述文法研究会（編）（2009a）でも指摘されており、そこでは次のような説明がなされている。

> 疑問を受ける形で、提示された疑問に対する答えを述べる時の前置きに用いる。"～の原因・理由・わけを述べれば"の意味を表す[18]
>
> （森田・松木（1989: 55））
>
> 文脈上（あるいは、通念的に）その場面で問題となってくる疑問の事項を自覚的にとり上げ、以下にその説明を示そうとする話し手の姿勢を示すもの
>
> （藤田（2000: 412））
>
> 複文中で前件として疑問節を提示し、その答えにあたる説明を後件に示すのに用いられることがある
>
> （日本語記述文法研究会（編）（2009a: 250））

これらの先行研究の指摘からも、この用法の特徴として「といえば、と

18　ただし、本文中に提示した例からも分かるように、この用法は実際には、森田・松木（1989）の指摘にある「原因・理由・わけ」よりも広い範囲で使用される。

第3章 引用形式を用いた文の広がり

いったら、というと」の前接部における疑問表現の生起が挙げられることが分かる[19]。また、その疑問表現の種類は多様で、上掲の例も、それぞれ(29)(32)(35)は真偽を問う疑問表現、その他は「なぜ」「何」「誰」等の疑問語を用いた疑問表現であることからも、引用形式の種類を問わず、その疑問表現は多様であることが確認できる。このように、課題設定文とは「といえば、といったら、というと」に前接する部分が「課題」で、その「解答・解説」が後件で提示される表現だとまとめることができる。

以上が、本書で課題設定文と呼ぶ表現の概要である。これを受けて次に、この課題設定文における「といえば、といったら、というと」という形式の文法的性質の考察を通して、この課題設定文について更に観察していこう。

まず1点目として、この用法の場合、典型的な引用構文における「言う」とは異なり、統語上動作主の生起が困難であるという点が挙げられる。

(29′) *私が、毎日、毎日、にぎやかなどんちゃん騒ぎをくり返しているのかといえば、そんなばかなことはあるわけがない[20]。

(32′) *あなたが万一、完璧な名づけができたとしても、その子が必ずりっぱな人間になるか、といったらそんな保証はありませんよね。

(35′) *彼が本当に働き口がなかったのかというと、そうでもない。

上述の動作主に加えて、課題設定文における「といえば、といったら、というと」の特徴として指摘できる2点目に、「いう」を否定形にできないという点がある。

(30′) *わたしがなぜ、はるか海をへだてたメキシコまで出かけたか、といわなければ、それはアメリカ大陸のピラミッドについてしらべたくな

---

[19] 「どちらかといえば」「どちらかといったら」「どちらかというと」「なにかというと」等はこの形式のままでの使用が数多く見られる。この課題設定文の一部が固定化したものと考えて良いだろう。

[20] この例において、「私」は「にぎやかなどんちゃん騒ぎをくり返している」の動作主としての解釈は自然であるが、「いう」の動作主としての解釈は不自然である。他の例も同様である。

かったからにほかありません。
(33′) *それを一番だれが知ったか<u>といわなかったら</u>、日本の役人や政治家だ。
(36′) *なぜ見つからないか<u>といわないと</u>、前にその巻を利用した学生が、読み終ったあと、あるいはコピーを取ったあと、元に戻すからである。

　これは、先に 2.2.2 で観察した連想文とは異なり、動作主を生起させたり、「いう」を否定形にしたりすると「いう」の意味が（例えば「聞く」的な意味から「発言」の意味へと）変容するといったものではなく、文自体が容認度の低い表現となってしまうのである。
　更に、これは藤田（2000）においても示されているところだが、この用法は以下のように「と」と「いう」の間に他の要素を挿入することが困難である点も指摘できる。

(31′) *セミヤドリガの基本的な寄主は何か<u>とさえいえば</u>、間違いなくそれはヒグラシである。
(34′) *例えばサリンのような、ああいう化学テロに遭った後、日本は何をしたか<u>とだけいったら</u>、何もしなかったですな、国会は。
(37′) *何の店か<u>と大声でいうと</u>、それはもちろん名まえのとおりの、だがしやさんだ。

　これを藤田（2000: 411）の言葉を借りて説明するなら、「全体で一まとまりとなって前件と後件を結びつける機能をはたしている。従って、一まとまりの接続助詞的複合助辞と見ることが適当である」ということになろう。この指摘からも分かるように、課題設定文における「といえば、といったら、というと」の「いう」は動詞らしさを失った、「と」と「いう」の間の緊密度の高い表現として考えるべきだろう。
　これを受けて、課題設定文の前件と後件に着目すると、この表現は前件の「何かを言う」という事象に依存して後件が成立したものとは言えなくなっていることが分かる。例えば (29) であれば「『毎日、毎日、にぎやかなどん

第3章　引用形式を用いた文の広がり

ちゃん騒ぎをくり返しているのか』と言う」という行為によって「そんなばかなことはあるわけがない」という事態が成立したとは言えない。その他の課題設定文の例も同様である。このように課題設定文には先の引用構文のような事象間の依存関係が見られない。そして、後件に「いう」の係り先となり得る表現も生起していないことが確認できよう。

　しかし、ここでは前件と後件の間に新たな「依存関係」が成立していると考えることができる。既に述べたように、課題設定文の「といえば、といったら、というと」の前には「課題」が提示される。そして、それに対する「解答・解説」が後件で述べられることになる。つまり「課題-解答・解説」という形で前件と後件は依存関係にあると言って良い。よって、引用構文や連想文における依存関係との違いとして、「といえば、といったら、というと」の3形式が前件と後件の依存関係から外れているという点も確認できる。引用構文では「【引用節】+といえば（といったら、というと）」全体と後件が依存関係にあったのに対し、課題設定文は「【課題】といえば（といったら、というと）【解答・解説】」の「課題」と「解答・解説」の間に依存関係があるということになるだろう。そして、「といえば、といったら、というと」はその係り先が現れなくなってしまっているのである[21]。この前件と後件の連結については、他の用法との異同も含めて本章の3節で更に述べる。

　ここまで、他の用法との比較等を通して、課題設定文の特徴について考察を行ってきた。そこで次に、上記の現象と関連して、この場合の「いう」が何を表していると言えるか考えてみたい。この場合の「いう」が動詞らしさを失っているというのは先に指摘した通りだが、その動詞らしさを失うことで、「いう」は何を表すようになったのであろうか。

　考察の足掛かりとして、「いう」が本来は動詞であることから、その動作主の生起や否定形が不可能である点に着目してみたい。まず、動作主が生起できないのであれば、「いう」の主体[22]はどう捉えるべきかを考えてみよう。

21　係り先の後件述語が明記されていない点は、「主体性（subjectivity）」の問題とも関連してくる。しかし、本書ではこの点についてこれ以上の考察は行わず、今後の課題としたい。

22　この「いう」は動詞としての性質が後退していると考えられるので、ここでは便宜的

2. 「といえば、といったら、というと」を用いた文の広がり

　この問題について本書では、当該の文の話し手だと考える。(32′) (35′) から分かるように、「あなた」や「彼」、つまり他者は「いう」の動作主としては生起することができないのである。これはつまり、この「いう」が表すのは引用構文のそれとは異なり、話し手の視界の中に存在する事象ではないということになる。視界の中に存在するのであれば、「あなたが言った」「彼が言った」と観察した事象として表現できるはずである。

　更には、(29′) のように「私」も表現できないのであった。これは話し手自身の視点を離れることなく（自身を客観視することなく）発せられる表現であることを示している。つまり、この前件における「いう（いえば、いったら、いうと）」は、外界で生じる事象を描写しているのではなく、話し手が自身の行為を「（当該の課題を）いう」といったように自己言及的に述べるものだと考えられるのである[23]。

　そう考えると、「いう」が否定形にできない理由も説明ができる。既述のように、この場合の「いう」は話し手が自己言及的に自身の発話に言及しているのである。つまり、「いって」いるのに「いわない」というのは矛盾をきたしてしまうことになる[24]。また、この用法はそもそも、前件において課

に「動作主」と言わずに「主体」と言うことにする。

[23] 本来「所与と見なされるコトバを再現して示そうという意図・姿勢で用いられる引用されたコトバの表現であり、引用されたコトバが、引用（＝再現）されたものという表現性に基づく意味‒文法的性格に拠って、文の構成に参与しているもの、それを含む構造」（藤田(2000: 15)）という引用に関わる諸表現が、その典型性を失い、自己言及的な表現として用いられる現象はここで提示したもの以外にも見られる。例えば、次の例を参照されたい（藤田(2000: 390–391)）。
　（ⅰ）いい加減にしろというんだ。
　（ⅱ）私は、諸君に、「一律5%のベース・アップをする」と約束する。
これらは、「所与と見なされるコトバを再現して示そうという意図・姿勢」で述べられた表現ではなく、話し手が自身の行為を自己言及的に述べている表現だとまとめられる。

[24] 例えば、「ここで私が『なぜわざわざメキシコまで出かけるのか』といわなかったら、誰も質問できなくなってしまう」のように「私」を「言う」の動作主にして（つまり、自己を客観視して観察した事象として）、課題設定文ではなく典型的な引用構文として述べれば「言う」が否定形であっても容認度が上がるのは、本書の課題設定文に対する考察の妥当性を示している。

題を提示し、後件でその解説を述べるものである。仮に前件の「いう」を否定してしまうと、その課題の提示自体が存在しないことを意味することにもなるので、後件の解説も必要なくなってしまう。こうした理由から、この用法における「いう」は否定形にすることが不可能なのである。

　これらをまとめると、この課題設定文とは前件において、話し手が観察した事象ではなく、課題を述べるという自身の行為を自己言及的に示し、後件でその課題に対する解説を行う表現だと言うことができるだろう。先に、課題設定文においては「いう（といえば、といったら、というと）」が前件と後件の間の依存関係から外れていると述べたが、それは、この場合の「いう」が自己言及的な、他の部分と異なる働きの表現となっていることとも関わりがあると言えるだろう。

　以上、ここまで本書が課題設定文と呼ぶタイプの表現について考察を行ってきた。その主な特徴としては、「いう」が動詞本来の性質を失っており、それと関連して、前件と後件との間にこれまでに見てきた用法とはやや異なる性質の依存関係が見られることが明らかになった。

2.2.4　提題文

　次に、「といえば、といったら、というと」の3形式が提題標識として用いられているタイプの文を観察していこう。この用法は、本書で観察する用法の中では、比較的多くの先行研究が存在すると言って良いだろう。

　ただし、この提題文については第5章で改めて扱うことになるので、詳しい考察はそちらに譲ることにする。ここでは、用例の観察と「といえば、といったら、というと」各形式の文法的な性質の確認、それに加えて注目しておくべき特徴の指摘を行うに留めたい。

　それでは以下に、それぞれの提題文の例を挙げる。

〈といえば〉

（38）　デザインを芸術とする新しい芸術世界を切り開いて、西欧に大きな影響を与えたのがウィリアム・モリスである。モリスといえば、社会主

義者の草分けの一人として知られ、中世の手づくりの装飾芸術的な印刷と造本のケルムスコット・プレスや、民芸運動、工芸品の分野の比類ない独創性でも知られているが、本当の意味での影響力の大きさは、カーペットや壁紙のデザインであった。

（BCCWJ：河村錠一郎「世紀末の美学」）

(39) 近くて遠くにあるまち、それが野田のイメージである。それから町のイメージのもう一つは、やはり"しょうゆ"ということになろう。なんといっても"しょうゆ"といえば野田だし、ブランド名でいえば"キッコーマン"であろう。このイメージの定着はどうしようもない。

（BCCWJ：望月照彦「都市民俗学」）

(40) その頃僕が聴いていた音楽といえば、クリームやレッド・ツェッペリンだった。

（BCCWJ：大江健三郎「叫び声」）

〈といったら〉

(41) 田原　ウィンドウズには問題があるというわけ？
　　　佐野　ウィンドウズといったら、問題だらけの製品ですよ。こんなこと、書けないか（笑い）。
　　　田原　書けますよ。で、オラクルのデータベースならウイルスが入らず、ハッカーの被害もない？

（BCCWJ：スティーブ・チャン、佐野力、田原総一朗「日本が米国を再び追い抜く日」）

(42) ひととおりの料理のあと最後に小さなきしめんが出てきた。そうだ名古屋といったらきしめんだった。きしめんのことを忘れていた、と一同きしめんにあやまる。

（BCCWJ：椎名誠「むはのむは固め」）

(43) 私のやっている古代史研究においては、すでに内藤先生は去っておられます。王国維さんも去っておられる。新しい時代が来たわけです。その新しい時代を担当する人といったら、郭沫若とか董作賓とかその他の若い学者であります。

第 3 章　引用形式を用いた文の広がり

(BCCWJ：貝塚茂樹「最終講義」)

〈というと〉
(44)　「お前が兄貴分か」「まあ、そうです」「職業は」「無職です」「無職ということはないだろう。何で食っていたのか」「先頃までは白井組の者でしたが、最近脱会しました」「白井組というと、暴力団だな」「まあ、世間ではそう言っとりますが」
(BCCWJ：草野唯雄「電話メモ殺人事件」)
(45)　この本がでる頃は、西条の大好きな季節、夏が来ているわけで。夏というと、甲子園ですよね。もちろん、西条は、甲子園が大好きです。
(BCCWJ：西条せつな「好きだから、負けない」)
(46)　いずれにしろ、今日無派閥を名乗っている後藤田や小沢辰男らも、過去においては派閥の看板を堂々と掲げていたことになる。全くの無派閥暮らしというと、鈴木宗男と浜田幸一だ。
(BCCWJ：本澤二郎「裏から見た自民党派閥」)

　上に挙げた例はそれぞれ、属性叙述文((38)(41)(44))、うなぎ文((39)(42)(45))、指定叙述文((40)(43)(46))の例である[25]。主題として提示した名詞句に対し、多様な叙述を行っている。このように、「といえば、といったら、というと」を提題標識として用いた提題文は、様々な叙述の類型を表し得る[26]。
　こうした提題標識の「といえば、といったら、というと」の文法的な性質はどうなっているだろうか。ここでも、動作主の生起や否定形の可否、そして「と」と「いう」の間への他の要素の挿入の可否を見てみよう。結論を先に述べると、提題標識として機能する「といえば、といったら、というと」はこれらのいずれも不可能である。

25　うなぎ文は、属性叙述文と捉えられることもあり(西山(2003))、本書もそれに倣うが、ここでは後の議論のために便宜的に独立させて表示する。
26　「といえば、といったら、というと」が用いられる事象叙述文については、第 5 章で触れる。

2.「といえば、といったら、というと」を用いた文の広がり

　まずは、動作主の生起から確認していこう。以下の例からも分かるように、この場合の「いう」は動作主をとることができない。

(38′)＊(私が／あなたが／彼が)モリス<u>といえば</u>、社会主義者の草分けの一人として知られる。
(41′)＊(私が／あなたが／彼が)ウィンドウズ<u>といったら</u>、問題だらけの製品ですよ。
(44′)＊(俺が／お前が／あいつが)白井組<u>というと</u>、暴力団だな。

　このように、提題標識の「といえば、といったら、というと」は、その「いう」が動作主をとることができない。
　次に、「いう」を否定形にできない点を確認する。

(39′)＊"しょうゆ"<u>といわなければ</u>野田だし、ブランド名でいえば"キッコーマン"であろう。
(42′)＊名古屋<u>といわなかったら</u>きしめんだった。
(45′)＊夏<u>といわないと</u>、甲子園ですよね。

　この現象が示すように、提題標識の「といえば、といったら、というと」も典型的な動詞としての性質は後退してしまっている。それと関係して、既に見た幾つかの用法と同様に、「と」と「いう」の緊密度も引用構文のそれと比べると増しており、間に他の要素を挿入することができない。

(40′)＊その頃僕が聴いていた音楽<u>とだけいえば</u>、クリームやレッド・ツェッペリンだった。
(43′)＊その新しい時代を担当する人<u>とさえいったら</u>、郭沫若とか董作賓とかその他の若い学者であります。
(46′)＊全くの無派閥暮らし<u>と小声でいうと</u>、鈴木宗男と浜田幸一だ。

このように、提題標識の「といえば、といったら、というと」もこれでひとまとまりの形式として用いられていることが分かる。
　これまでの観察からも分かるように、提題文における「といえば、といっ

たら、というと」も課題設定文と同じく、話し手が観察した外界の事象を述べているとは言い難い。むしろ、課題設定文のところでも述べたように、自己言及的に話し手自身の行為を述べていると捉えるべきであろう。ここでは、「『主題名詞句について』いう」といった意味を表していると考えられる。よって、当該の文において「いう」を否定してしまうと、提示されていない主題に対して解説を行うという理解困難な発言となってしまうため、「いう」の否定も成立しないのだということになる。

　以上が提題文の概要であるが、ここでの議論を終える前に、この提題文の主題名詞句の指示対象について確認をしておきたい。これまでに、属性叙述文、うなぎ文、そして、指定叙述文の例を観察してきた。以下の観察では、これらの文の中でも属性叙述文として用いられる場合の提題文に着目する。そもそも、指定叙述文の主題名詞句は非指示的とされるため（西山（2003））その指示対象は考察の対象とはなり得ないし、うなぎ文も属性叙述文の一種だとされるため、結果として、主題名詞句の指示対象について考察するとなると、属性叙述文に焦点があたることになる。

　以上を踏まえて、提題文の主題名詞句の指示に関する問題について考えていこう。この提題文が属性叙述文として用いられ得ることは、既にこれまでに確認してきた通りである。以下にその例を再掲する。

(38) 　デザインを芸術とする新しい芸術世界を切り開いて、西欧に大きな影響を与えたのがウィリアム・モリスである。モリスといえば、社会主義者の草分けの一人として知られ、中世の手づくりの装飾芸術的な印刷と造本のケルムスコット・プレスや、民芸運動、工芸品の分野の比類ない独創性でも知られているが、本当の意味での影響力の大きさは、カーペットや壁紙のデザインであった。

　　　　　　　　　　　　　　　　（BCCWJ：河村錠一郎「世紀末の美学」）

(41) 　田原　ウィンドウズには問題があるというわけ？
　　　佐野　ウィンドウズといったら、問題だらけの製品ですよ。こんなこと、書けないか（笑い）。

田原　書けますよ。で、オラクルのデータベースならウイルスが入ら
　　　　　ず、ハッカーの被害もない？
　　　　　　　　　　　　　（BCCWJ：スティーブ・チャン、佐野力、田原総一朗
　　　　　　　　　　　　　　　　　　　　　「日本が米国を再び追い抜く日」）
(44)　「お前が兄貴分か」「まあ、そうです」「職業は」「無職です」「無職と
　　　いうことはないだろう。何で食っていたのか」「先頃までは白井組の
　　　者でしたが、最近脱会しました」「白井組というと、暴力団だな」「ま
　　　あ、世間ではそう言っとりますが」
　　　　　　　　　　　　　　　　（BCCWJ：草野唯雄「電話メモ殺人事件」）

　ところが、次のような例の場合、同じ属性叙述を行う提題文であっても容認度の低い表現となってしまうのである。

(38″)　―目の前の人物を紹介する場面で―
　　　こちらの方（は／*といえば）、社会主義者の草分けの一人として知ら
　　　れる人物です。
(41″)　―目の前のPCを指して―
　　　このPC（は／*といったら）、問題だらけの製品ですよ。
(44″)　―遠くを指さして―
　　　あそこにある白井組（は／*というと）、暴力団だな。

　この容認度の違いは何に起因するのであろうか。(38)(41)(44)と(38″)(41″)(44″)の違いを考えると、主題名詞句が指示する対象の性質が異なることが分かる。(38)(41)(44)の主題部には先行発話において導入された表現が提示されているのに対し、(38″)(41″)(44″)の主題部には話者が時空間上で知覚した事物を指示する名詞句が提示されている。つまり、主題として提示された名詞句が既出の表現である場合、この提題文の容認度は高いが、主題名詞句が発話の現場に存在する事物を指示する場合、容認度は低くなるのである。このことから、「といえば、といったら、というと」を用いた提題文は、その主題名詞句が指示的な場合、その名詞句は発話内に既出の言語

第 3 章　引用形式を用いた文の広がり

表現を提示するという意味で文脈指示的[27]でなければならないという結論が得られるのである[28]。

　このことはもちろん、これら提題標識が引用形式由来であることと無関係ではあるまい。藤田 (2000) は、引用されたコトバは通常の言語表現とは異なる表現方式によって述べられているとし、その異なる表現方式のことを「実物表示」と呼んでいる。その「実物表示」とは「表現されるべき対象を言語記号で抽象化して描く代わりに、同等の実物を差し出して伝達行為を行なうこと」(p. 42) であり、例えば「りんご」を示すのに、「りんご」という言葉で述べるのではなく、実物のりんごを提示するような行為のことである。そして、引用とは、所与の言語表現を示すのに、その言葉を再現する（再現したかのように示す）ことに他ならない。こうした、表現する対象と同等のものを提示して示すという点は、先の主題部の特徴に見られたものと合致する。つまり、「といえば、といったら、というと」を用いた提題文は、その主題名詞句が指示的な場合、既出の言語表現と同等のものを提示することで、その言語表現を指示していると言えるのである。ここに、提題標識として「といえば、といったら、というと」が用いられたことによる特徴が見られるであろう。

　なお、中には次のように上記の議論に当てはまらないかのように思える例も存在する。

(47)　若狭の私の在所は、まだ火葬場がない。人が死ぬと、穴を掘って埋めている。それ故、お葬式といえば、かならず、お巡さんの監視つきだが、その在所の山を何十本の送電塔が、まるで、銀のフォークを山へさしこんだみたいにつながっていて、足もとは真っ暗なのである。
　　　　　　　　　　　　　　　　　　　　（BCCWJ：水上勉「閑話一滴」）

27　「現場指示」「文脈指示」といった用語は主に指示詞に関する議論で用いられることが多いので、ここでは「現場指示的」や「(広義の) 文脈指示的」といった表現を用いることにする。

28　藤田 (2000) はこの文頭要素を「キーワード」と表現しているが、これも発話現場の事物の指示を意図しないものと捉えることができるため、本書と同様の指摘だと理解できる。

2. 「といえば、といったら、というと」を用いた文の広がり

(48) 「あたしの部屋はここだからね」二階のもうそれは三十畳もあるところが全部小百合の部屋だった。両親の部屋といったら、一階のダイニングキッチンに隣接する小さなスペースだった。そして玄関の脇にある、これまた小さな部屋が小百合の姉の部屋なのだ。それはいま彼女がいかに窮屈なところに押しこまれているかを物語っているようだった。

(BCCWJ：高尾五郎「ゼームス坂物語」)

(49) 肺に異常が起こると、痰がでる、咳がでるなどの症状がでてきます。あるとき、ねぎを食べたら痰がとれ、咳が止まったので、ねぎは肺経に入るとしたのでしょう。咳止めというと、杏仁が有名です。これは杏の種子の中にある仁で、粉にするととてもよい香りがします。杏仁豆腐は、杏仁の粉末が使われているので、咳止めになります。

(BCCWJ：中山佑子、倪暁、新居裕久「薬膳で治す」)

　これらの文の主題名詞句「お葬式 (47)」「両親の部屋 (48)」「咳止め (49)」は、所与の表現を提示しているわけではないが、容認度は高い。しかしこれらの主題名詞句は、それまでの文脈と関連を持つ語句であり、談話に間接的に導入されていると考えられる。もちろん、(38″)(41″)(44″) のように現場指示的なわけではない。

　このように、「といえば、といったら、というと」を用いた提題文における主題名詞句は、その文脈に既出の表現を (「実物表示」によって) 指示する、広義の文脈指示的という特徴が見られる。文脈からその存在が連想できるものであれば所与の表現でなくても主題になり得るが、その場合でも当該の発話現場の事物を指示することはないのである。

　以上ここまで、提題文の主題名詞句の特徴について考察を行った。結論としては、これら提題文の主題名詞句は基本的には文脈指示的なものという特徴を有することが明らかになったことと思う。こうした特徴は、この提題標識が引用形式由来であることと深く関わっているのである。

第3章　引用形式を用いた文の広がり

2.2.5　話題転換文

　次に、本書が「話題転換文」と呼ぶタイプの表現を見ていくことにしよう。

　このタイプは前件で「といえば、といったら、というと」で提示する情報の認識・存在を表し、後件でその前件の情報から想起する事柄を述べていると捉えられる。ただし、これまでに見た用例と異なるのは、その後件が前件に対する解答・解説や属性・評価等というよりは、前件を受けて連想した新たな話題を提示しているように解釈できる点である。具体例には次のようなものが存在する。

(50)　「あたし九ヶ月しちゃおう」というのをはやらせようと思って、ゼミの女子学生に電車の中の会話で頻繁に使えといったんですが、どうもうまくいかなかった。九といえば、このあいだどっかの中学校の校庭に机を積んで9をこしらえた事件、あれは捕まったのね。うんうん、あれは近頃の出来事としては面白かったよ。
(BCCWJ：筒井康隆「突然変異幻語対談」)

(51)　サッカーの日本代表監督が突然解任された。あんな場当たり的な組織づくりをしているようでは今後が思いやられる。そうそう、組織づくりといったら、先日、職場で次の改革案が報告されたのだが、そこにはこれまでの議論の成果が全く組み込まれていなかった。あれでは、今後の議論に対する意欲がなくなってしまう。

(52)　「来てなかったよ。暇な奴だから、てっきり顔を出すんじゃないかと思ってたんだけど。オフ会の日程は知っていた筈だし」「暇というと、彼、仕事は何をされている方なんですか？」「いや。就職していないんだな、これが。フリーターみたいなことしながら、同人誌活動をしているらしい」
(BCCWJ：西澤保彦「実況中死」)

　以上の例はいずれも、先行発話の中のある要素を「といえば、といった

2. 「といえば、といったら、というと」を用いた文の広がり

ら、というと」で提示し、そこから想起する事柄を後件で述べている[29]。しかし、上記の例からも分かるように、後件は前件の属性や値を述べる等といった直接的な言及はしていない。その証拠に、これらの例の後件に指示詞を挿入しても、その指示対象は前件そのものや前件と同一の指示対象には成り得ないのである[30]。

(50′) *九といえば、(あれ／それ)は、このあいだどっかの中学校の校庭に机を積んで9をこしらえた事件、あれは捕まったのね[31]。

これは、この話題転換文の後件が前件に対して何かを述べるといった働きをする表現ではないことを示していると言えるだろう。
　ところで、この用法については一部の先行研究において実例の存在は指摘されているのだが、その扱いについては、意見が分かれているところがある。そこで次に、この点を確認していこう。
　例えば、森田・松木（1989）は、「主題化を示す」という項目のところで、以下のような本書が話題転換文と呼ぶ表現に相当すると思われる例を挙げている。

(53)　終わるっていえば、相撲も明日で終わりですね。

---

[29]　なお、(51)が作例であることから分かるように、現段階では「といったら」を用いた話題転換文の例が見つかっていない。しかし、(51)のように「といったら」を用いることは可能であるため、ここでは「といったら」も扱うことにした。この話題転換文における「といったら」の位置づけの考察は今後の課題としたい。

[30]　この他の特徴として、(50)や(52)のように後件に新たな主題（「このあいだどっかの中学校の校庭に机を積んで9をこしらえた事件（の犯人）(50)」「彼(52)」）が提示されることもある点が指摘できる。

[31]　この点、提題文と比較すると分かりやすい。提題文の場合、後件に前件を指示する名詞句や指示対象が前件と同一の名詞句を挿入すると、その名詞句が主題名詞句として機能する。これは、提題文の述部が「といえば、といったら、というと」に前接する名詞句について述べていることを示している。
　(i) モリスといえば、彼は、社会主義者の草分けの一人として知られる。
　(ii) ウィンドウズといったら、あれは、問題だらけの製品ですよ。
　(iii) 白井組というと、それは、暴力団だな。

第 3 章　引用形式を用いた文の広がり

(森田・松木 (1989: 50))

　これは「終わる」という表現から「相撲が明日で終わる」という事柄を想起し、発話していると解釈できよう。この例を森田・松木 (1989) は「主題化を示す」例の 1 つとしているのである。つまり、森田・松木 (1989) では本書で話題転換文とする表現も提題文に含めている。
　それとは異なる意見を述べているのが藤田 (2000) である。藤田 (2000) は、この本書が話題転換文と呼ぶ用法に該当する表現について、次のように述べている[32]。

　　基本的には「連想をひき出すキーワードをもち出す」とでもおさえるべきものと思われる。その働きの一部が「〜ハ」と重なるに過ぎないのである

(藤田 (2000: 416))

　この両意見の差異をまとめると、森田・松木 (1989) は、この話題転換文も提題文の一種として捉えているのに対し、藤田 (2000) はこの話題転換文と提題文を含めて、「連想をひき出すキーワードをもち出す」表現だと考えている、ということになるだろう。つまり、先行研究には (50) 〜 (52) のような表現と「『〜ハ』と重なる」(藤田 (2000)) 表現とをまとめて提題文とするか否かの点において異なる立場のものが存在するということができる。
　これらの意見に対して本書は、提題文とこの話題転換文とをいったん分けて考えるという立場をとりたい。つまり、これまでの議論からも明らかなように、本書では、この話題転換文と提題文をそれぞれ独立させるのである。
　そこで次に、本書がこう考える理由を述べよう。そのためにまずは、森田・松木 (1989) が「主題化を示す」ものとして挙げている他の例を以下に挙げる (以下の例を提題文とする点については、本書も賛同する)。

32　藤田 (2000) の以下の説明は「といえば、というと」に対して行われたものであり、「といったら」は考察の対象となってはいないが、本書においても有益な説明であるので、ここで取り上げることにする。

2. 「といえば、といったら、というと」を用いた文の広がり

【森田・松木 (1989) が「主題化を示す」とする例】
(54)　私の病気といえば、いつもきまった胃の故障なので……
(55)　大木が何本となく並んで、そのすきまずきまをまた大きな竹やぶでふさいでいたのだから、日の目を拝む時間と言ったら、一日のうちにおそらくただの一刻もなかったのだろう。
(56)　大風というと、この辺のは、そりゃすごいんですよ……

(いずれも森田・松木 (1989: 50–51))

　この提題文と話題転換文の大きな違いを指摘すると、まず提題文の場合、述部が「といえば、といったら、というと」が提示する名詞句に言及している、つまり、当該の名詞句の在り方[33]を述べているという点が挙げられる。それぞれ、(54) は「私の病気」が「いつもきまった胃の故障」という在り方であることを、(55) は「日の目を拝む時間」が「ただの一刻もなかった」という在り方であったこと、そして (56) は「(この辺の) 大風」が「すごい」という在り方であることを述べているのである。

　それに対して、話題転換文の文頭要素はあくまでも、その後件を想起・発話するきっかけに過ぎず、述部が文頭要素の在り方を述べているとは言えない[34]。これは先に「それは」等、前件を指示する名詞句等の挿入の可否においても確認した通りである。

　これを先行研究に基づいて言い換えると、キーワードから想起する事柄の中にはそのキーワードそのものについての説明もあれば、そのキーワードはあくまでも、後件を想起・述べるきっかけに過ぎず、後件では別の話題を述べるものも存在する、ということになろう。そして本書では前者を提題文、後者を話題転換文として扱うのである。

　また、これらに加えて、話題転換文の場合、「といえば、といったら、と

---

[33] この主題の在り方のバリエーションについては、堀川 (2012) の議論を参照されたい。
[34] これを踏まえると、森田・松木 (1989) による (53) の例は、本書の立場だと、「相撲も明日で終わりですね」は「終わる」という動作の在り方を述べているのではなく、「終わる」から想起する事態を述べているということになる。

第3章 引用形式を用いた文の広がり

いうと」の前接部が名詞句に限定されないという点も指摘しておきたい。次の例のように、話題転換文には、「といえば、といったら、というと」の前接部に名詞句以外の語句が取り上げられる例も存在する。

(57) ―藤原氏に関係のある人物が犯人だという香子の話を聞いて―
　　 藤原氏に関係が<u>あるといえば</u>（といったら／というと）、香子さん、あなただって、関係があるんじゃありませんか。香子という名前は、藤原香子からとったのでしょう？
　　　　　　　　　　　　　　（BCCWJ：山村美紗「紫式部殺人事件」）
(58) 「その宮本武蔵ってのは…その……なんだ……そんなに強えのか？」
　　 「あ？だから強いって言ってるだろ。今や吉岡一門をたった一人で相手にしてるんだぞ」「<u>強いと言えば</u>（といったら／というと）佐々木小次郎ってのもいるよな…」
　　　　　　　　　　　　　　　（井上雄彦『バガボンド』22巻、講談社）

　既述のように、この話題転換文とは、「といえば、といったら、というと」の前接部の在り方を述べる表現なのではなく、前接部から想起することを後件にて述べる表現なのであった。つまり、「といえば、といったら、というと」の前接部は後件を想起するための「きっかけ」に過ぎないため、厳密に品詞が指定されることもないのだと考えられる。
　次に、「といえば、といったら、というと」の文法的性質について考察することで、この用法の特徴について更に観察していこう。
　まず、「いう」の動作主についてだが、人称が何であれ、「いう」の動作主が生起するのは困難である（(50″)）。また、「いう」を否定形にすることもできない（(51′)）。

(50″)＊（わたしが／あなたが）、九<u>といえば</u>、このあいだどっかの中学校の校庭に机を積んで9をこしらえた事件、あれは捕まったのね。
(51′)＊そうそう、組織づくり<u>といわなかったら</u>、先日、職場で次の改革案が報告されたのだが、そこにはこれまでの議論の成果が全く組み込まれ

2. 「といえば、といったら、というと」を用いた文の広がり

ていなかった。

　動作主が生起しない点については、この話題転換文においても、話し手が自身の行為を自己言及的に述べていると考えることで理解できる。つまり、後件を発話するきっかけとして、「といえば、といったら、というと」で提示する要素を「いう」と述べているのである。ただし、この場合、先行する発話の中から後件を想起するきっかけになる要素を「といえば、といったら、というと」で取り上げるのであるから、(自己言及的に) 何かを「いう」という意味に加えて、「当該の表現を知覚した・認識した」といった意味も含まれていると考えられる。この点、連想文との類似性が感じられる。

　否定形に関しては、そもそも、後件を述べることになったきっかけを前件で述べる表現なのであるから、その前件を「いわない」のであれば、後件の発話もあり得ないのである。これらの点からも、この「いう」が、話し手の視界の中の観察された事象を述べるのではなく、話し手自身の行為に対する自己言及的な表現として捉えられるとまとめることができる。

　また、以下にあるように、「と」と「いう」の間に他の要素を挿入することもできない。このことから、この話題転換文における「といえば、といったら、というと」もひとまとまりの形式として固定されていることが分かる。

(52′) *暇とだけいうと、彼、仕事は何をされている方なんですか？

　以上、本書が話題転換文と呼ぶタイプの表現を観察してきた。特に提題文との違いに注目し、独立した1つの用法として位置づけられることが確認できたことと思う[35]。

---

[35] この話題転換文については、提題文との関係に加えて、2.2.2 で挙げた連想文との関係についての考察も興味深い問題であるように思える。話題転換文と連想文の両者ともに、前件から連想することを後件で述べるという働きは類似していると言えないだろうか。ただし、話題転換文には「いう」の係り先となる述語が主節に存在しない。この点は「主体性 (subjectivity)」と関わってくる問題だと言えよう。詳細は今後の課題である。

第 3 章　引用形式を用いた文の広がり

2.2.6　これまでの用法のまとめ

　ここまで「といえば、といったら、というと」が用いられる文の用法を確認してきた。そこでは、【引用構文（評価・属性付与も含む）】【連想文】【課題設定文】【提題文】【話題転換文】といった用法を提示した。次の議論に移る前に、これまでの考察を簡単にまとめておこう。

　まず引用構文であるが、これは「言う」が動詞本来の性質を有する表現であり、これが他の用法と大きく異なる点であった。また、その「言う」は話し手自身の行為を客観視し、描くことも可能であった。また、この他に、前件は引用構文の形をとるものの、後件において前件に対する評価や属性の付与を行うタイプも存在するのであった。

　次に、連想文について。この用法の特徴としてはまず、前件の「いう」の意味が「聞く」のような受信的な意味として捉えられる点が挙げられる。そして、この「いう」の受信的な意味は動作主の不在等の環境によって生じるものであり、その環境が変化すると、引用構文としての解釈が優先される（つまり、「いう」が受信的な意味ではなく「発言する」の意味として解釈される）ことも指摘した。

　課題設定文は、前件と後件（の「といえば、といったら、というと」を除いた部分）が「課題」と「解答・解説」の関係にある用法であった。この用法（や、これ以降の用法全て）では、「いう」に典型的な動詞とは異なる特徴が見られるのであった。この異なりは、この「いう」が引用構文と違い、話し手が観察した外界の事象を描いているのではなく、話し手の行為を自己言及的に述べていると捉えられることを指摘した。また、それに伴い、助詞「と」と「いう」の間の緊密性にも異なりが生じていることを確認した。

　そして提題文では、他の用法同様、「いう」や「と」＋「いう」の間の関係の変容に加え、主題名詞句の指示についても考察した。そこでは、主題名詞句が指示的な場合、それは基本的に談話に既出の表現を提示する、文脈指示的な表現であることを確認した。

　最後に話題転換文について。これは従来、先行研究においても提題文との区別について様々な意見が出されていたのであった。それに対し本書では、

提題文と話題転換文とを区別すること、そして話題転換文を1つの用法として認めることを述べた。

ここで、「といえば、といったら、というと」の部分の統語的な特徴について簡単にまとめた表を挙げる。

表2：各用法の引用形式のまとめ[36]

	「言う」の動作主	「言う」の否定	要素の挿入
引用構文（事象＋事象）	○	○	○
引用構文（事象＋属性）	○	○	○
連想文	△	△	△
課題設定文	×	×	×
提題文	×	×	×
話題転換文	×	×	×

ここから、引用構文以外の用法においては、「といえば、といったら、というと」が「言う」の本動詞としての性質、そして「と＋いう」の連結において引用構文のそれとは異なっていることが確認できる。

以上が、本書が「といえば、といったら、というと」に共通して見られると考える用法の概要である。これらの用法については、本章のこれ以降の考察、及び第4章でも取り上げることになる。

3. 前件と後件の関係

ここまで、「といえば、といったら、というと」の3形式が共通して用いられる文のタイプを概観してきた。用法の中には「言う」の係り先が後件述語に存在するもの、前件と後件が「課題」と「解答・解説」の関係にあるもの等、様々なものが存在した。そこで本節では、こうした前件と後件の連結

---

36 連想文の「△」は、不可能ではないが、各操作を行うことで連想文としての解釈ができなくなることを意味している。

の仕方という観点から各用法を観察する。そして、用法によって前件と後件の連結の仕方に異同が見られることを指摘したい。

これまでに観察した用法には【引用構文】【連想文】【課題設定文】【提題文】そして【話題転換文】が存在した。具体例を以下に再掲する。

【引用構文】
(1) 日本の産業界では、鉄鋼業を除いて、エンジニアリング部門が別であるために業界協調が歯抜けになる。つまり、化学業界が「ノー」といっても、エンジニアリング会社が「イエス」<u>といえば</u>、化学プラントの輸出ができるわけである。

(BCCWJ:大前研一「世界が見える／日本が見える」)

【連想文】
(20) 小西　僕はね、三つの時に、恵比寿に来たから、やっぱりなんか恵比寿とか渋谷とか、その辺しか知らないっていう感じで。
今もそれは同じかもしれない。
小室　じゃあ、あそこら辺の街の雰囲気ですか、潜在的な東京のイメージは？
小西　そうでしょうね、きっと。
小室　僕も含めて多くの人がピチカート・ファイヴ<u>といったら</u>、当然、渋谷とか代官山とかを連想するけど。
小西　武蔵小山ですけどね。

(BCCWJ:小室哲哉、小西康陽、株式会社幻冬舎、野宮真貴「With t 小室哲哉音楽対論」)

【課題設定文】
(35) 失業は急速に増えた。ピークは八十二年二―三月だが、十％近くの九％台となる。街角に、にわか大道商人が増えたり、スリ、強盗、暴動の類いが紙面をにぎわしたのもその頃である。だが、本当に働き口がなかったのか<u>というと</u>、そうでもない。

(BCCWJ:東田直彦「借金国の経済学」)

【提題文】
（41）　田原　ウィンドウズには問題があるというわけ？
　　　　佐野　ウィンドウズといったら、問題だらけの製品ですよ。こんなこと、書けないか（笑い）。
　　　　田原　書けますよ。で、オラクルのデータベースならウイルスが入らず、ハッカーの被害もない？
　　　　　　　　　　　（BCCWJ：スティーブ・チャン、佐野力、田原総一朗
　　　　　　　　　　　　　　　　「日本が米国を再び追い抜く日」）

【話題転換文】
（50）　「あたし九ヶ月しちゃおう」というのをはやらせようと思って、ゼミの女子学生に電車の中の会話で頻繁に使えといったんですが、どうもうまくいかなかった。九といえば、このあいだどっかの中学校の校庭に机を積んで9をこしらえた事件、あれは捕まったのね。うんうん、あれは近頃の出来事としては面白かったよ。
　　　　　　　　　　　　　　　（BCCWJ：筒井康隆「突然変異幻語対談」）

　これらの用法の前件と後件とが、どういった連結を形成しているかを確認していきたい。まずは、引用構文と連想文から見ていこう。これらの共通点として、前件の「いう」に呼応する形で、後件の述部にも何らかの動作が生起しているという点が挙げられる。(1)だと何かを「言う」ことによって「輸出する（できる）」が起きたことが述べられており、(20)だと「（受信的意味の）いう」ことで、「（渋谷や代官山を）連想する」が生じることが述べられている。これらの点に鑑みるに、引用構文と連想文は事態間の因果関係を述べる表現としてまとめることができるだろう。

　次に、課題設定文と提題文に移ろう。これらの用法に共通するのは、前件の「いう」と呼応する述語が後件に存在しない点である。その意味では、先に見た引用構文や連想文と同種の因果関係は見られないと言える。

　しかし本書では、ここに別種の関係が見出せると考える。例えば、前述のように、課題設定文であれば、「といえば、といったら、というと」の前接

第3章 引用形式を用いた文の広がり

部と後件とが「課題」と「解答・解説」の関係にあるのであった。そして、提題文のそれは、属性叙述文であれば、「といえば、といったら、というと」に前接する名詞句は「属性の持ち主」であり、述部はその「属性」であるし、指定叙述文であれば名詞句は「変項名詞句」であり、述部は「値」だと言える（西山（2003））。このように、課題設定文と提題文の前件と後件は、「といえば、といったら、というと」以外の部分が意味的な連結をしているとまとめることができるだろう。

　そして最後に話題転換文である。これは、課題設定文や提題文と同様に、「いう」に呼応する述語が後件に存在しない。その一方で、「といえば、といったら、というと」の前接部と後件とが、例えば「課題」とその「解答・解説」といったように意味的に結びついているとも言い難い。しかし、この話題転換文も、無関係な複数の事柄がただ並べられているわけではない。この前件と後件の間にもある種の因果関係を読み取ることができるのである。(50)を例にこのことを確認すると、これは「このあいだどっかの中学校の校庭に机を積んで9をこしらえた事件、あれは捕まったのね。うんうん、あれは近頃の出来事としては面白かったよ」という発話を行うことになったきっかけが先行発話に現れた「九(ヶ月)」という語句にあることを示している。つまり、この話題転換文は、前件と後件が表す事態間の因果関係や「といえば、といったら、というと」に前接する語句と後件との意味的なつながりが存在するというのではなく、前件の認識・存在の知覚が後件を発話するきっかけになるという、認識レベルあるいは発話レベルの因果関係を述べていると言うことができるだろう[37]。その意味では、話題転換文には、話し手の認識を離れた、いわば客観的な因果関係が見られない。話し手の「主観」によってつながれるようになったため、前件について直接言及しない事柄を

37　ここで提示した話題転換文に限らず、一般的な条件構文の中にも、次のように事態間に具体的な因果関係は見られず、後件を発話するきっかけ・原因のようなものを前件に提示するタイプのものは存在する（Sweetser（1990））。
　（i）If I haven't already asked you to do so, please sign the guest book before you go.
　（ii）まだお願いしていませんでしたら、お帰りになる前に来賓帳にご記帳願います。

話し手の考え一つで提示できる(それが「話題の転換」となる)のだと考えられるのである。

　以上、本書で提示する用法をこれまでとはやや視点を変え、前件と後件とがどういった連結の仕方をしているかという点に着目して議論を行った。その結果、各用法によって様々なレベルのつながり方をしていることが指摘できた。

　本書が提示する、「といえば、といったら、というと」の3形式に共通して見られる用法についての考察は以上である。次に、本章の議論を終える前に、これら3形式の一部にのみ見られる用法にはどういったものが存在するのかを概観しておきたい。

4. 一部の形式に見られる用法の概観

　次に観察するのは、「といえば、といったら、というと」のうち、一部の形式にのみ存在が認められる用法である。なお、本書での考察の中心は、これまでに観察してきた3形式に共通して見られる用法であるので、この一部の形式にのみ見られる用法については、簡単に存在を指摘するに留めたい。この用法の詳細については今後の課題とする。

　具体的には、本書が【反復文】と呼ぶ表現と【応答文】と呼ぶ表現とを観察していく。

4.1　反復文

　一部の形式にのみ見られる用法のうち、まずは本書が【反復文】と呼ぶものから概観していく。この用法は、以下の例のように、「といえば、といったら」の前後で同じ(あるいは類義の)語句を繰り返すものである。「といえば」と「といったら」にのみ見られ、「というと」の例は現段階では見つかっていないし、作例してみても、「というと」は容認度が低い。

(59)　ぼくはあまり普通の人とは共通点がない暮らしをしてきたようだ。こ

第3章　引用形式を用いた文の広がり

の頃は特にそうで、自由<u>といえば</u>（*というと）自由だし、気侭<u>といえば</u>（*というと）気侭といえる暮らしだ。

（BCCWJ：田川律「田川律の家族ってなんや」）

(60)　「東京へお帰りになったら、またお忙しいのでしょう」「忙し<u>いといったら</u>（*というと）忙しいし、暇<u>といったら</u>（*というと）暇です。今度はいつ逢えるだろうか」「また、逢ってくださるのですか」

（BCCWJ：渡辺淳一「渡辺淳一全集第 12 巻」）

　この用法も、これまでに見てきたものと同様に「いう」の動詞としての性質が後退していることが確認できる。

　この用法の場合、「いう」の動作主を生起させることは可能である。ただし、動作主が存在しなかった発話に動作主を生起させると、「その動作主が当該の状況（(59) なら「自由である状況」、(60) なら「忙しい状況」）を決定する権利がある」といった意味が生まれるようである。これは引用構文としての解釈となり（cf.「私が自由と言えば、自由になる」）、反復文とは異なる表現となってしまうので、厳密には（反復文のままでは）動作主は生起できない、と捉えるべきだろう。

(59′)　私が自由<u>といえば</u>自由だ。
(60′)　彼が忙しい<u>といったら</u>忙しい。

　また、動作主が無い場合と異なり、動作主が生起すると「～になる」といった変化的意味も感じられる。例えば (59′) であれば「私が『自由』だと発言すれば、その状況になる」という読みが可能である。よって、動作主の有無によって、働きの異なる表現だと捉えるべきであろう。

　そして、「いう」を否定形にすることもできない[38]。

(59″) *自由<u>と言わなければ</u>、自由だし、気侭<u>と言わなければ</u>気侭な暮らしだ。

38　これも、動作主の生起の場合と同様に、「忙しいと言わなかったら、忙しくなる」のような引用構文としてであれば成立する表現である。

4. 一部の形式に見られる用法の概観

(60″)＊忙しいといわなかったら忙しいし、暇といわなかったら暇です。

更には、「と」と「いう」の間に他の要素を挿入することもできない。

(59‴)＊自由とさえいえば自由だし、気侭とだけいえば気侭といえる暮らしだ。

(60‴)＊忙しいとだけいったら忙しいし、暇とさえいったら暇です。

このように、反復文における「いう」は動詞としての性質が後退しており、「と」と「いう」の間の緊密度が増している。「といえば、といったら」で1つの形式として扱われていると言って良いだろう[39]。

次に、「というと」にのみ見られる用法の観察に移ろう。

4.2 応答文

本章で提示する最後の用法は、本書が「応答文」と呼ぶ用法である。これは「というと」にしか見られないもので、例としては次のようなものが挙げられる[40]。

(61) 「分かりました。―いや、江原って旦那の方もがめつい人でしたけど、あの奥さんにゃかないません」「というと（＊といえば／＊といったら）？」「売らずに、マネージャーをやって、出演料を取る、というんです。一回、百万ですよ！凄いタレントだ」

（BCCWJ：赤川次郎「泥棒よ大志を抱け」）

---

[39] なお、この用法の「といえば、といったら」の前後に挙げられる語の品詞は名詞とは限らない。
 (i) 普通の人は学校を卒業し、就職をし、それから結婚するものだけど、僕の場合はまったく逆で、結婚してから仕事を始め、そのあとで大学を卒業した。むちゃくちゃといえばむちゃくちゃなんだけど、結果としてそういう順番になっちまったんだからしょうがない。
　　　　　　（村上春樹『村上ラジオ2　おおきなかぶ、むずかしいアボカド』新潮社）
[40] この用法については、岩男（2016a）も参照されたい。なお、「応答」という名称については森山（1989）を参照のこと。

(62) 「東京カウンセリングセンターのほうに呼び出しがかかってな。捜査一課から、俺が派遣された」「<u>というと</u>（*といえば／*といったら）、昼間の輸送機の件ですか」「そうだ。それも、事態は航空局関連じゃなく、俺たち警視庁の手に委ねられる様相を呈してきてる」

(BCCWJ：松岡圭祐「千里眼洗脳試験」)

このように、先行発話を受けて行う発話の冒頭に「というと」が用いられている文を本書では応答文と呼ぶ。上の例からも分かるように、この応答文には、「というと？」のみで終結するケース（(61)）と、その後に発話が続くケース（(62)）とが存在する。

これが単に他の部分が省略された文とは捉えられないのは、単なる省略なのであれば「といえば、といったら」にも同様の表現が見られても良いはずであるのに「というと」にしか見られない点、そして、基本的には相手に問いかける表現でしか用いられない[41]という制限があるといった点から確認できる。省略なのであれば、問いかけ以外の表現の省略が用いられても良いはずである。よって、これは「というと」が拡張して生まれた用法と捉えるべきである。

こうした、提題標識としても機能することのある形式が文頭において用いられる用法というのは、実は「というと」に限った話ではない。例えば、次のような有田（2009）で「裸のハ」と呼ばれる現象もそれにあたると言えよう。

(63) A： ポジションどこ。
B： は：[42] ショートですね。

(有田（2009: 95))

---

[41] 典型的な疑問表現ではない「数が少ないわけです<u>ね</u>」のような「相手への確認」の場合に容認度が上がることがあるが、これは宮崎他（2000: 278）が「ね」による相手への確認について「聞き手の方がよく知っていることを確認する」と説明するように、質問に似た表現であるためだと考えられる。

[42] この「：」は長めに発音されることを表している（有田（2009））。

4. 一部の形式に見られる用法の概観

このように、提題標識としても機能する形式が発話の冒頭で用いられる現象は他にも存在するのである。

また、「裸のハ」の働きの1つとして有田（2009）は「そっけなさ」等を避けるというフィラーと似た談話的機能を指摘している。それに対して接続表現的な「というと」にも発話をつなぐ談話的機能を見出すことができる。

(64) 要約して述べるなら、錬金術で非常によく使われたこの象徴としての蛇は、水銀と硫黄、そして塩をあらわす三匹の蛇だったそうである。「<u>というと</u>、その三匹の蛇であらわされた水銀と硫黄と塩が、錬金術の三原質だったわけですね？」

（BCCWJ：荒巻義雄「エッシャー宇宙の殺人」）

(64′) <u>つまり</u>、その三匹の蛇であらわされた水銀と硫黄と塩が、錬金術の三原質だったわけですね？

(65) 「その闇鬼の毒薬説、ちょっとおかしいと思わへんか。」翠のことばに、松吉が身を乗りだす。「<u>というと？</u>」「だって、薬やったら、のまなあかんわけやろ。みんながみんな、だまされたにしろ、薬をのむ？」

（BCCWJ：あさのあつこ「時を超えるSOS」）

(65′) 「その闇鬼の毒薬説、ちょっとおかしいと思わへんか。」翠のことばに、松吉が身を乗りだす。「<u>つまり（／なぜ）？</u>」

上記のように「というと」の中には「すなわち、つまり」等の「換言の接続表現」（日本語記述文法研究会（編）(2009b)）や「なぜ、どうして」等の疑問語に似た意味で発話をつなぐものが存在する。つまり、接続表現的「というと」の働きの一つとして先行部に対する「言い換え」や「理由」を後続させる機能が指摘できるのである。

他の接続表現等と「というと」との関係やその意味的な広がりについての更なる考察は今後の課題だが、接続表現的な「というと」も「裸のハ」と同様に提題文でも用いられる形式の談話的な働きの例として扱うことが可能であることが分かる。

5. おわりに

　以上、本章では、「といえば、といったら、というと」が用いられる文の用法を観察した。これらの形式が引用構文でも用いられることはもちろんのこと、それ以外にも複数の用法において使用されていることが明らかになった。また、先行研究においてその存在が指摘されていた用法に加え、これまで明確には存在が意識されてこなかったものも本章において提示することができた。次章以降では、この本章における用法の分類に基づきながら考察を行っていくことになる。

第4章

用法の背景

　本章では前章で提示した用法の中でも特に、【提題文】以外の用法に焦点を当てる。具体的には、これらの用法は無秩序に存在するものなのか否か、という問題について考察を行う。
　まとめると、本章では、次のことを述べることになる。
ア．【連想文】は、うなぎ文と類似した関係が見出せる。
イ．【課題設定文】は、指定叙述文と類似した関係が見出せる。
ウ．【(評価・属性)引用構文】は、属性叙述文と類似した関係が見出せる。
エ．【話題転換文】は、「主題-解説」の関係から解放されている。
　上記の「うなぎ文」「指定叙述文」「属性叙述文」とは従来、主に提題文の働きとして指摘されてきたものである。そうした働きが、【連想文】【課題設定文】【(評価・属性)引用構文】それぞれに見られるということになる。
　この主張は、第2章で概観した「日本語は『主題-解説』構造を基本とする言語である」という説を「有題文」対「無題文」という対立以外の場面へ応用する試みだとも言える。

第4章　用法の背景

1. はじめに

　本書ではこれまで、第2章で叙述の類型の研究史を瞥見し、第3章で「といえば、といったら、というと」が用いられる文の観察を行ってきた。この第4章では、第2章で見た先行研究の成果と第3章の観察結果との間に興味深い接点が見られることを示したい。

　念のため第3章の議論を再度確認しておくと、上記3形式に共通して見られる用法の中でも、動詞「言う」に意味的・統語的な変化が生じていると考え得るものには、【連想文】【課題設定文】【提題文】そして【話題転換文】とが存在するのであった。これらの用法の中でも提題文が存在する理由の1つとしては、第2章でも確認した、日本語が「主題-解説」という構造を文構造のモデルとしていることと深い関わりがあるものと考えられる。つまり、「主題-解説」が日本語の文構造の基本モデルとなっているのだから、「は」を用いた提題文以外にも、提題文が複数存在するということは、十分にあり得ることだと言えるのである[1]。

　その一方で、提題文以外の用法、つまり、連想文、課題設定文、話題転換文に目を向けた時、1つの疑問が生じる。それは、これだけ多様な用法が偶然に、無秩序に存在するものなのか、というものである。もちろん、第3章でも確認したように、「といえば、といったら、というと」の「いう」が動詞らしさを失っている（文法化している）という共通点は存在する。しかし、動詞らしさを失うことが即、上記の用法の存在を意味するわけではあるまい。果たしてこれらの用法は、「いう」が動詞らしさを失っているという点を除けば、互いに何も関係性を持たず、まったく無関係なものとして存在しているのであろうか。本章ではこうした問題について考察を行いたい。

　なお、本章では、先に挙げた連想文、課題設定文、話題転換文に加えて、後件が評価的・属性的意味を表す引用構文（以下、便宜的に「（評価・属性）

---

[1] よって、「といえば、といったら、というと」以外にも、「って」や「なら」や無助詞等といった様々な形が「主題-解説」を表す文において提題標識として用いられている（日本語記述文法研究会（編）(2009a)）。

引用構文」と記すこともある）も、「事象＋事象」を述べるタイプのそれとはやや性質が異なるという点を考慮し、1つの用法として取り上げることにする。

　確認のために、それぞれの例の一部を以下に挙げる。

【連想文】

(1)　入口のところで待ちかまえていた女の子にういろうを貰った。その日のテーマは「名古屋ういろう篇」なので、まずはそれをたべながら、全編食べものの話でまとめていこうということになった。名古屋というとすぐ思いうかぶのは名古屋コーチンとエビフライと天むすだが、そのほかにもミソカツや小倉トーストという絶品があるという。

（BCCWJ：椎名誠「むはのむは固め」）

【課題設定文】

(2)　万一、完璧な名づけができたとしても、その子が必ずりっぱな人間になるか、といったらそんな保証はありませんよね。

（BCCWJ：上田晴美「はじめての名づけ百科」）

【話題転換文】

(3)　「来てなかったよ。暇な奴だから、てっきり顔を出すんじゃないかと思ってたんだけど。オフ会の日程は知っていた筈だし」「暇というと、彼、仕事は何をされている方なんですか？」「いや。就職していないんだな、これが。フリーターみたいなことしながら、同人誌活動をしているらしい」

（BCCWJ：西澤保彦「実況中死」）

【（評価・属性）引用構文】

(4)　黒岩氏自身はクリスチャンではないようだが、彼の文学にはほとんど宗教を思わせる求道的なものが感じられる。このひたすらな求道心が不遇な生活のなかにあって彼を文学に向かわせ、その理想主義的な性格をつくりだしたのだといえば、少なくとも比喩としてはわかりやすいだろう。

第 4 章 用法の背景

(BCCWJ：郷原宏「夜の光芒」)

　このように、本来引用構文の一部を担うはずの形式がそれ以外にも様々な文の中で用いられているのであった。前述したように、本章ではこれらの用法は無秩序に存在するものなのか否か、という問について考えたい。何かこれらに共通する特徴は見られないのであろうか。これらの用法は、レバ形式、タラ形式、ト形式の違いを超えて共通する用法であった。ということは、その発生の理由には、レバ形式、タラ形式、ト形式の働き以外に何か共通のものが存在するはずであるというのが本書のとるスタンスである。

　本章ではこうした問題について考えていく。そして、結論を先取りして述べると、上記の用法のうち連想文、課題設定文そして、後件が評価的・属性的意味を表す引用構文は、その背後に「主題–解説」という構造が深く関わっている用法であり、話題転換文はその関係から解放されている用法として捉えられることを指摘することになる。この指摘は、「主題–解説」構造という、先行研究において文構造の基本とされたモデルが提題文以外の表現にもいかされている可能性を示唆している。

　本章の構成は、次の通りである。まず 2 節では、前章で提示した用法の中には、ある共通の関係性が見出せるものがあることを指摘する。各用法と関係する言語現象や先行研究を頼りに、各用法の背後にある関係性を考えたい。これを受けて 3 節では、日本語の文構造の基本モデルという考え方と 2 節の考察結果との関係性について述べる。4 節は本章のまとめである。

　それでは、次節において、各用法の背景にある関係性について考察していくことにしよう。

2.　用法の背後に見られる構造

　本節では、先に述べたように、連想文、課題設定文、話題転換文、そして、評価・属性を述べる引用構文を対象に考察を行う。そして、先行研究の指摘を基に、これらの用法の前件と後件の間には、「主題–解説」に類する関

係の存在が見出せるものと見出せないものとがあることを指摘する。

以下、その「主題-解説」といった関係が見出せる連想文、課題設定文、（評価・属性）引用構文から順に扱い、その後、その関係から解放されていると考えられる話題転換文を扱うことにする。

2.1 連想文

それでは、連想文から観察を始めていきたい。まずは、この連想文にあたる例を確認しておこう。

〈といえば〉

(5) レーガン前大統領が、ハリウッド出身であるというのは、できすぎた話ではあるが、いわれのないことではないのである。ハリウッドといえば、ミュージカル映画『オズの魔法使い』のフィナーレを思い出す。

（BCCWJ：武田勝昭「ことわざのレトリック」）

(6) このあたりが、例の南部鉄の産地か。待てよ、南部鉄は岩手県だと思っていたがな。鉄のことなどどうでもいい。南部といえば、俺がまっ先に考えるのは酒造りの杜氏だ。

（BCCWJ：風間一輝「男たちは北へ」）

〈といったら〉

(7) 小西　僕はね、三つの時に、恵比寿に来たから、やっぱりなんか恵比寿とか渋谷とか、その辺しか知らないっていう感じで。今もそれは同じかもしれない。

　　　小室　じゃあ、あそこら辺の街の雰囲気ですか、潜在的な東京のイメージは？

　　　小西　そうでしょうね、きっと。

　　　小室　僕も含めて多くの人がピチカート・ファイヴといったら、当然、渋谷とか代官山とかを連想するけど。

　　　小西　武蔵小山ですけどね。

第4章　用法の背景

　　　　　　　　　　　（BCCWJ：小室哲哉、小西康陽、株式会社幻冬舎、野宮真貴
　　　　　　　　　　　　　　　　　　　　　　「With t 小室哲哉音楽対論」）

(8)　くるみ（胡桃）は、クルミ科クルミ属の落葉高木の総称。花の咲いている時期(ママ)5〜6月です。果実の核はきわめて堅く、中の種子は食用となるほか、塗料などにも用いられています。花言葉は「知性」、「知恵」、「英知」です。くるみといったら、やはり実を連想します。ですが木に生っているのは初めてみました。

　　　　　　　　　　　　　　　　　　　　（BCCWJ：Yahoo! ブログ）

〈というと〉

(9)　誰もが心を自由に泳がせることができる、お互いに迷惑をかけない、というルールのもとにしたタテ社会が、自然に存在している。タテ社会というと、大ていの人は上下関係を思い浮べる。

　　　　　　　　　　　　（BCCWJ：吉田きみ子「絵に見る子どものサイン」）

(10)　入口のところで待ちかまえていた女の子にういろうを貰った。その日のテーマは「名古屋ういろう篇」なので、まずはそれをたべながら、全編食べものの話でまとめていこうということになった。名古屋というとすぐ思いうかぶのは名古屋コーチンとエビフライと天むすだが、そのほかにもミソカツや小倉トーストという絶品があるという。

　　　　　　　　　　　　　　　（BCCWJ：椎名誠「むはのむは固め」）

　これが連想文の例だが、考察の便宜のためにこれを後件述語の品詞に注目して2種に下位分類してみたい。この連想文のパターンを観察すると、大きく次の2つに分けられることになる。1つは、「といえば、といったら、というと」の後件が動詞述語文の形をとっているもの、他方は名詞述語文の形をとっているものの2種である。それぞれ「動詞述語型」「名詞述語型」と呼び分けて、先ほどの例を並び替えると、以下のようになる。

〈動詞述語型〉

(5)　レーガン前大統領が、ハリウッド出身であるというのは、できすぎた話ではあるが、いわれのないことではないのである。ハリウッドとい

えば、ミュージカル映画『オズの魔法使い』のフィナーレを思い出す。

(BCCWJ：武田勝昭「ことわざのレトリック」)

(7) 小西　僕はね、三つの時に、恵比寿に来たから、やっぱりなんか恵比寿とか渋谷とか、その辺しか知らないっていう感じで。
今もそれは同じかもしれない。
　　　小室　じゃあ、あそこら辺の街の雰囲気ですか、潜在的な東京のイメージは？
　　　小西　そうでしょうね、きっと。
　　　小室　僕も含めて多くの人がピチカート・ファイヴといったら、当然、渋谷とか代官山とかを連想するけど。
　　　小西　武蔵小山ですけどね。

(BCCWJ：小室哲哉、小西康陽、株式会社幻冬舎、野宮真貴「With t 小室哲哉音楽対論」)

(8) くるみ(胡桃)は、クルミ科クルミ属の落葉高木の総称。花の咲いている時期(ママ)5〜6月です。果実の核はきわめて堅く、中の種子は食用となるほか、塗料などにも用いられています。花言葉は「知性」、「知恵」、「英知」です。くるみといったら、やはり実を連想します。ですが木に生っているのは初めてみました。

(BCCWJ：Yahoo! ブログ)

(9) 誰もが心を自由に泳がせることができる、お互いに迷惑をかけない、というルールのもとにしたタテ社会が、自然に存在している。タテ社会というと、大ていの人は上下関係を思い浮べる。

(BCCWJ：吉田きみ子「絵に見る子どものサイン」)

〈名詞述語型〉[2]

2　今回の調査では「といったら」の〈名詞述語型〉の例が見つかっていないが、不可能だというわけではない。例えば(7)は「ピチカート・ファイヴといったら、連想するのは渋谷とか代官山ですね。」という表現でも容認度は高いままである。果たして、今回たまたま〈名詞述語型〉が見つからなかっただけなのか、それとも何か意味があることなのかは、今後の

第 4 章　用法の背景

(6)　このあたりが、例の南部鉄の産地か。待てよ、南部鉄は岩手県だと思っていたがな。鉄のことなどどうでもいい。南部といえば、俺がまっ先に考えるのは酒造りの杜氏だ。

（BCCWJ：風間一輝「男たちは北へ」）

(10)　名古屋というとすぐ思いうかぶのは名古屋コーチンとエビフライと天むすだが、そのほかにもミソカツや小倉トーストという絶品があるという。

（BCCWJ：椎名誠「むはのむは固め」）

　このように、連想文はその後件述語の品詞の違いから、「動詞述語型」と「名詞述語型」に分けることが可能である。
　そしてこれらの例を観察していくと、次のように、よく似た意味のうなぎ文を作ることが容易であることに気付く。

〈動詞述語型に基づくうなぎ文〉

(5′)　ハリウッドといえば、ミュージカル映画『オズの魔法使い』のフィナーレだ。
(7′)　ピチカート・ファイヴといったら、渋谷とか代官山だ。
(8′)　くるみといったら、実だ。
(9′)　タテ社会というと、上下関係だ。

〈名詞述語型に基づくうなぎ文〉

(6′)　南部といえば、酒造りの杜氏だ。
(10′)　名古屋というと、名古屋コーチンとエビフライと天むすだ。

　これらの例は、「といえば、といったら、というと」に前接する名詞句と述語名詞句の指示対象の間に包摂、指定、一致関係を見出すことが困難であるため、うなぎ文と捉えて良いだろう（金水 (2016: 203)）。まずはこのように、連想文とはうなぎ文とよく似た文であることが分かる。
　これを受けて次に、連想文とうなぎ文との間には上記の直感的なつながり

量的な調査を待ちたい。

2. 用法の背後に見られる構造

の他に何かつながりを示すような現象はないのかを考えてみたい。すると、うなぎ文を扱った先行研究の中に、大変興味深い指摘が存在することが分かる。そこで、その先行研究の指摘を基に、連想文とうなぎ文のつながりが、本書の直感のみによるものではないことを確認していきたい。

　まずは、〈動詞述語型〉から考えていこう。そのためにここでは、金水(2016)によるうなぎ文についての考察を概観する。金水(2016)は、うなぎ文には3種類存在するとし、以下のタイプを提示する。

(11) a.　動態述語の"削除"＋コピュラの"付加"
　　 b.　倒置指定文＋措定文の複合（二重主語文）
　　 c.　述語名詞句（または補語）のメトニミー転換

　この中で、先の〈動詞述語型〉と呼んだ連想文の考察において特に重要となるのは、「a. 動態述語の"削除"＋コピュラの"付加"」である。〈動詞述語型〉の連想文に金水(2016)の提示する動態述語(＝動詞)の削除とコピュラの付加という操作が適用されると、うなぎ文が作られるのである。(5)を例にこのことを確認してみよう。

(5″)
【連想文】
ア）　ハリウッドといえば、ミュージカル映画『オズの魔法使い』のフィナーレを思い出す。
【動態述語の"削除"】
イ）　ハリウッドといえば、ミュージカル映画『オズの魔法使い』のフィナーレ~~を思い出す~~。
【コピュラの"付加"】
ウ）　ハリウッドといえば、ミュージカル映画『オズの魔法使い』のフィナーレ＋<u>だ</u>。
【うなぎ文】
エ）　ハリウッドといえば、ミュージカル映画『オズの魔法使い』のフィ

第 4 章　用法の背景

　　　　ナーレだ。(= (5′))

　このように、連想文の〈動詞述語型〉に金水 (2016) が指摘する操作を加えると、先に (5′) でも示したうなぎ文が成立するのである。この「操作」の位置づけについては更に考察しなければならないだろうが、少なくとも〈動詞述語型〉の連想文における、「といえば、といったら、というと」に前接する名詞句と述部との関係はうなぎ文におけるそれとよく似た関係にあることは上記の現象からも分かるだろう[3]。

　次に〈名詞述語型〉の連想文について考察していこう。面白いことに、このタイプの連想文は、西山 (2003) が提示するうなぎ文の「言語的意味」の表記と類似するのである。この点について、西山 (2003) によるうなぎ文（西山 (2003) は「ウナギ文」と表記する）の解釈に関する要点を以下に挙げる[4]。

(12) a.　ウナギ文「ぼくは、ウナギだ」は、措定文であり、その言語的意味（ウナギ読み）は、〈ぼくは、[φ はウナギだ]〉である。
　　 b.　「ウナギ」それ自体を叙述名詞句とみなすわけにはいかない。
　　 c.　[φ はウナギだ] の部分は倒置指定文の意味をもつ。
　　 d.　φ は変項名詞句の機能を果たし、「ウナギ」は、その変項名詞句の値を表す。
　　 e.　コンテクストから、語用論的な補完操作によって φ の中身が補完される。φ の中身が補完されれば、たとえば「ぼくは、注文料理はウ

---

[3] この他にも、認知言語学的な観点から見れば、連想文が動詞によって前件と後件の因果関係が明示されている（「〜といえば（たら／と）、V スル。」）のに対し、うなぎ文になるとその関係が明記されない（「〜といえば（たら／と）、φ。」）ことから、後者の表現を前者に比べより「主体性 (subjectivity)」の高い表現として位置づける議論も可能であろう。これは、第 3 章の課題設定文についての議論の所でも注において言及した問題（「いう」の係り先が明記されない問題）と同種のものである。こうした方面の議論については他の用法と主体性の問題も含め、今後の課題としたい。

[4] 金水 (2016) は、この西山 (2003) の規定（本文 (12) の b. がそれにあたる）はうなぎ文の中の 1 種に当てはまるのみであり、うなぎ文にはこの西山 (2003) の指摘するものも含めて 3 種（本文で触れた、「動態述語の "削除" ＋ コピュラの "付加"」タイプもその 1 つ）が想定されることを示したものである。

ナギだ」のような解釈が得られる。これは、ウナギ文の発話が伝える内容、すなわち表意であって、ウナギ文自体の言語的意味ではない。

f. ウナギ文における「ウナギ」は、φの中身を補完して、たとえば「注文料理はウナギだ」のような（「ぼく」に帰すべき）属性を語用論的に構築する際の重要な手がかりを与える。

(西山 (2003: 340–341))

上記の指摘を基に、(6)を例に連想文の〈名詞述語型〉とそれに意味的に対応するうなぎ文とを比べてみよう。

(6″) a. 南部といえば、俺がまっ先に考えるのは酒造りの杜氏だ。
b. 南部といえば、俺がまっ先に考えるの (= φ) は酒造りの杜氏だ。
c. 南部といえば、[φは酒造りの杜氏だ]。
d. 南部といえば、酒造りの杜氏だ。(= (6′))

このように考えると、連想文の〈名詞述語型〉とは、うなぎ文の「言語的意味」における変項名詞句の部分が明記された表現として捉えることが可能であることが分かる。こうした指摘の妥当性は更なる詳細な議論が必要となろうが、少なくとも、この〈名詞述語型〉の連想文も先の〈動詞述語型〉の連想文も、先行研究においてうなぎ文との間における類似性、あるいは、つながりが間接的な形で指摘されていたことは確認できたものと思われる[5]。

---

[5] 連想文の中には同様の操作を行った結果、指定叙述文や属性叙述文に近い表現ができあがる例も（うなぎ文のそれに比べると少数ではあるが）存在する。例えば、指定叙述文だと次のような例がある。
(i) 現在、流れ者を主人公に映画を撮る監督といえば、誰の頭にも思い浮かぶのが山田洋次であろう。

(BCCWJ：岡本博「思想の体温」)

これに金水 (2016) の操作を加えると、次のように指定叙述文ができあがる。
(i′) 流れ者を主人公に映画を撮る監督といえば、山田洋次だ。(cf. 山田洋次が、流れ者を主人公に映画を撮る監督だ。)

この例と (5) ～ (10) との違いとして、まず主題名詞句の情報量の違いが挙げられる。つまり、(i) は主題名詞句が連体節（「現在、流れ者を主人公に映画を撮る監督」）を伴うことで主

第 4 章　用法の背景

うなぎ文とは、主に提題文が関わる現象とされてきた（三上 1953）。このことから、連想文と提題文との間には類似性やつながりが存在するということになる。

2.2　課題設定文

続いて、本書が課題設定文と呼ぶ表現について考察していこう。

課題設定文の「といえば、といったら、というと」に前接する疑問表現は、真偽を問うもの（(13)）もあれば、疑問語が生起するもの（(14)〜(16)）もあるのであった。

(13)　結局、この新聞は、小針の手に落ちたあとも何の変化も起こさなかったかというと、そうではない。新聞がオーナーの自己目的を果たす武器に使われているのではと思われるケースも何回かあった。
　　　　　　　　　　　　　　　　　（BCCWJ：塩田潮「首領は何を見たか」）

(14)　問題は、まずその種が基本的に依存している寄主を知ることである。その基本的な寄主は、その種が進化する過程で最も深く結びついてきた寄主であろう。セミヤドリガの基本的な寄主は何かといえば、間違いなくそれはヒグラシである。
　　　　　　　　　　　　　　　　　（BCCWJ：大串龍一「日本の昆虫」）

(15)　日本の首都は東京じゃありません、東京圏です。日本の首都は神奈川県でもあり、埼玉県でもあり、千葉県でもあるんです。ですから、そういう複合体として日本の首都が、何と、東京の人口は一千百万ですけれども、その首都圏全体を合わせれば三千三百万の人口のヒンターランドがある。この意味合いというものは世界に比類がないんですよ。それを一番だれが知ったかといったら、日本の役人でも政治家

題名詞句だけで述語名詞句を導き出すだけの情報が得られるのである。その意味では、連想文は金水（2016）の「操作」を通して、うなぎ文、指定叙述文そして属性叙述文といった提題文全般とつながりを持つ、とすべきなのかもしれない。詳しい議論は今後の課題としなければならないが、少なくとも本書では、連想文と提題文との間のつながり（連想文にも「主題-解説」構造に類する関係性が見出せる）ことが確認できれば良い。

じゃない、ビル・ゲイツだ。ビル・ゲイツは、手突っ込んできて、自分の資本出してここに彼のネットワークの王国作ろうと思って、ソフトバンクの孫君なんかと語らってやってきた。

(BCCWJ:「国会会議録」)

(16) 今一つ驚いたのは、本の整理の悪さである。ロー・スクールのライブラリーは開架式になっていて、論文やペーパーを書く時は、判例集やロー・リビューを自分で探して、利用した後、棚に戻すというシステムになっている。ところが自分の目指す巻の判例集が五回に一回くらい見つからない。なぜ見つからないというと、前にその巻を利用した学生が、読み終ったあと、あるいはコピーを取ったあと、元に戻さないからである。

(BCCWJ:阿川尚之「アメリカン・ロイヤーの誕生」)

　以下、この課題設定文という表現の背後に見られる関係性について先行研究を基に考察していく。結論を先に述べると、先行研究の考察を頼りに、課題設定文には提題文の「主題-解説」構造に類する関係が見出せ、その中でも特に指定叙述文に類似した働きが見出せることを示すことになる。

　とは言え、管見の限りでは、先行研究の中にこの課題設定文の存在の指摘はあるものの、この表現を中心として取り上げてその働き等を考察したものは存在しない。しかし、この課題設定文とは異なる現象に関する考察の中で、これに類する表現に言及したものがあり、その考察が本書において大変重要な意味を持つのである。以下、その先行研究を取り上げて概観していきたい。その先行研究とは、益岡 (1991) と西山 (2003) である。

　それでは、益岡 (1991) から見ていくことにしよう。この益岡 (1991) における「説明の構造」に関する考察が本書の考察において重要な意味を持つ。具体的には、課題設定文の文の構造を観察すると、益岡 (1991) による「説明の構造」に合致していることが分かるのである。以下、この点を確認していこう。

　益岡 (1991) は「説明」の成立を「被説明項」と「説明項」との直接的な

第4章 用法の背景

結びつきとは考えずに、先行文脈や状況から課題を設定し、それに対する解答を与える行為だとする。このことについて具体例を見ながら確認しよう（以下の説明で用いる例は益岡（1991）のものである）。

(17) 花子が泣いている。大事にしていたカードがなくなったのだ。

この例で「被説明項」は「花子が泣いている」で、「説明項」は「大事にしていたカードがなくなった」である。益岡（1991）はここで、「説明項」である「大事にしていたカードがなくなった」は直接、「被説明項」の「花子が泣いている」を「説明」しているのではないとする。そうではなく、この「説明項（「大事にしていたカードがなくなった」）」は、「花子が泣いている」に基づいて設定された課題「なぜ花子が泣いているのか」に対して解答を与えていると考えている。つまり、「被説明項」と「説明項」は設定された課題を介して間接的に関係づけられているのである。

益岡（1991）の以上の議論をまとめると、次のようになる。

(17′) 花子が泣いている　［被説明項］
　　　なぜ花子が泣いているのかといえば　［課題］
　　　大事にしていたカードがなくなったのだ　［説明項］

例を見ながら上記の説明を再度確認すると、［被説明項］である「花子が泣いている」から「なぜ花子が泣いているのかといえば」という［課題］が設定され、それに対して「大事にしていたカードがなくなった」という［説明項］が提示されているということになる。

この益岡（1991）が提示する「説明の構造」における［課題］と［説明項］との関係が本書の提示する課題設定文の文と合致していることが分かるだろう（cf. なぜ花子が泣いているのかといえば、大事にしていたカードがなくなったのだ。）。そして、更に注目すべきは、益岡（1991: 141）が「説明」の文について「設定された課題を主題とし、それに対する解答を解説とする「主題−解説」型の文である」と述べている点である。この益岡（1991）の指摘は、「のだ」文や「わけだ」文を主な考察の対象としたものではあるものの、こ

れらの文と課題設定文の用法とは、上述の通りの類似性が見られる。

　それに加えて、提題文の「解説」部は「主題＋提題標識」全体に対する「解説」ではなく、「主題」に対する解説なのであった。こうした点も、課題設定文と類似していると考えられる[6]。つまり、課題設定文における前件と後件の間には、「主題-解説」構造に類する関係が見出せるのである。

　課題設定文の背後に提題文に類する関係が見出せることは上記のとおりである。そこで次に、更に考察を進めて、同じ提題文の中でも特に課題設定文と指定叙述文との間に意味的なつながりが見出せることを示したい。ここで注目したいのが、西山（2003）における指定叙述文（西山（2003）では「倒置指定文」と呼ばれる）についての解説である。

　具体的な考察に入る前に、指定叙述文の例を確認しておこう。

(18)　アメリカンスクールなんかに通って、帰ってきたら「日本語の方が苦手なの」、そんな風に言ってみたかったけれど、中近東で身についたことといえば、地面に落ちて、ある程度の時間が経った食べ物を、周りに人がいなければ食べてしまう勇気と、自分の非をなじられると「神がそう望んだから」と言い、皆を黙らせる聡明さ、恋人に二股をかけられると「四人までは大丈夫」と言える精神性だけです。
　　　　　　　　　　（西加奈子『この話、続けてもいいですか。』ちくま文庫）

(19)　「やっと僧籍を許された私にできることといったら、話を聞くことくらい。でも、生意気なことを言うようですが、お坊さんの仕事は、最終的に話を聞いてあげることかな、と思ったりしています」
　　　　　　　　　　　　　　　　　　　　　（BCCWJ：実著者不明「女性自身」）

(20)　いずれにしろ、今日無派閥を名乗っている後藤田や小沢辰男らも、過去においては派閥の看板を堂々と掲げていたことになる。全くの無派閥暮らしというと、鈴木宗男と浜田幸一だ。
　　　　　　　　　　　　　　　　　　（BCCWJ：本澤二郎「裏から見た自民党派閥」）

6　課題設定文における述部は「疑問表現＋といえば（といったら、というと）」全体に対する「解説」ではなく、「疑問表現」に対する「解説」である。

第 4 章　用法の背景

　これらの例は、次のような書き換えが可能なことからも指定叙述文であることが分かる（西山（2003））。

(18′)　地面に落ちて、ある程度の時間が経った食べ物を、周りに人がいなければ食べてしまう勇気と、自分の非をなじられると「神がそう望んだから」と言い、皆を黙らせる聡明さ、恋人に二股をかけられると「四人までは大丈夫」と言える精神性が、中近東で身についたことだ。
(19′)　話を聞くことが、やっと僧籍を許された私にできることだ。
(20′)　鈴木宗男と浜田幸一が、全くの無派閥暮らしだ。

　本書は、この指定叙述文と課題設定文が意味的に類似した表現だと考える。その根拠を以下に 2 つ挙げる。
　1 つめは、課題設定文の前件と、指定叙述文の主題部の性質の類似性である[7]。西山（2003）は、指定叙述文についての説明の中で、次のように述べている。

> （筆者注：倒置指定文（指定叙述文）について）この構文は、「誰が（= どれが）…であるか」という疑問文とそれにたいする答えを単一文のなかで実現している文である
>
> （西山（2003: 133））

　これは指定叙述文についての説明でありながら、本書の課題設定文にもあてはまる説明であることが分かるだろう。つまり、課題設定文とは、その前件が変項を含む文（相当）の表現であるのに対し、指定叙述文の主題名詞句[8]も、意味的に変項を含む表現であるという点において類似しているのである。

---

[7] 指定叙述文の文頭要素を主題と呼ぶべきか否かという点についても幾つか議論が存在する。本書では「主題」を広く捉えるため、指定叙述文の場合も広義の主題として扱うことにする。この問題については、西山（2003）、堀川（2012）を参照されたい。
[8] 西山（2003）は倒置指定文の文頭名詞句を「主題」とは呼ばないが、ここでは便宜的に「主題」という語を用いた。

これと関連して、課題設定文と指定叙述文との間に類似性を認める根拠の2つめとして、西山（2003）が英語の指定叙述文（21）の訳として（21′）のような日本語をあてている点を挙げたい。

(21)　The bank robber is John Smith.
(21′)　銀行強盗はどいつかといえばジョン・スミスだ。

（いずれも西山（2003: 77））

　（21′）が課題設定文であることは容易に理解できることと思う。このように、課題設定文と指定叙述文とは、非常によく似た関係にあると言えるのである。
　以上、先行研究の考察を基に課題設定文について考察を行ってきた。課題設定文の前件と後件の関係が「主題−解説」の関係に相当すると考えられることに加えて、その中でも、前件に疑問語が生起する課題設定文と指定叙述文との間の類似性が確認できたものと思われる。

2.3　評価・属性を述べる引用構文

　次に、引用構文が条件構文の前件に生起する表現の中でも、後件が前件に対する評価や属性を述べていると考えられる用法の観察を行う。とは言え、この用法については、前件と後件の関係は他の用法に比べ、比較的容易に理解できるだろう。
　まずは、確認のために例を以下に挙げる。前件に対する評価や属性を述べていると考えられる箇所には波線を付してある。

(22)　黒岩氏自身はクリスチャンではないようだが、彼の文学にはほとんど宗教を思わせる求道的なものが感じられる。このひたすらな求道心が不遇な生活のなかにあって彼を文学に向かわせ、その理想主義的な性格をつくりだしたのだといえば、少なくとも比喩としてはわかりやすいだろう。

（BCCWJ：郷原宏「夜の光芒」）

第 4 章　用法の背景

(23)　何かをやるために、男と女が共振する。これがレイン法だ。いい気持ちを男と女が、温め合って、共に獲得する。これがベイトソン法だ。レイン法は討ち死にし、ベイトソン法は野垂れ死にする<u>といったら</u>、<u>言い過ぎだろうか</u>。

(BCCWJ：Yahoo! ブログ)

(24)　彼はまだ十七歳だった。去年まで高校に通っていたが、どうしても学校生活に馴染めずに退学した、<u>というと</u><u>聞こえはいいが</u>、じつのところは勉強についていけず挫折したのだ。

(東野圭吾『新参者』講談社文庫)

　第 3 章でも確認したように、この用法の場合、後件に「それは」のような前件を指示する語句を挿入することができるのであった。

(22′)　このひたすらな求道心が不遇な生活のなかにあって彼を文学に向かわせ、その理想主義的な性格をつくりだしたのだ<u>といえば</u>、<u>それは</u>、少なくとも比喩としてはわかりやすいだろう。
(23′)　レイン法は討ち死にし、ベイトソン法は野垂れ死にする<u>といったら</u>、<u>それは、言い過ぎだろうか</u>。
(24′)　彼はまだ十七歳だった。去年まで高校に通っていたが、どうしても学校生活に馴染めずに退学した、<u>というと</u>、<u>それは</u>、聞こえはいいが、じつのところは勉強についていけず挫折したのだ。

　この場合、前件を指示する「それは」と評価や属性を意味する述語とで 1 つの属性叙述文として解釈できることからも、後件述語は前件に対する評価や属性付与を行っているのだと理解できる。
　そして、第 2 章の叙述の類型に関する先行研究でも確認したように、属性叙述文とは「主題−解説」構造を基本とする表現なのであった。このことから、この前件(引用構文)に対する評価や属性が後件で述べられているタイプの文も、その前件と後件の間に「主題(属性の持ち主)−解説(属性)」とい

う関係が見出せることが分かるのである[9]。

2.4 話題転換文

　本章で扱う最後の用法として話題転換文を見ていくことにしよう。本書では、これまでに見てきた用法とは異なり、この話題転換文の背後には、「といえば、といったら、というと」の前接部と後続部との間に「主題-解説」の関係が存在しないと考える。

　まずは、例を確認するところから始めたい。話題転換文とは、次のような表現を指すのであった。

(25) 「あたし九ヶ月しちゃおう」というのをはやらせようと思って、ゼミの女子学生に電車の中の会話で頻繁に使えといったんですが、どうもうまくいかなかった。九といえば、このあいだどっかの中学校の校庭に机を積んで9をこしらえた事件、あれは捕まったのね。うんうん、あれは近頃の出来事としては面白かったよ。

　　　　　　　　　　　　　（BCCWJ：筒井康隆「突然変異幻語対談」）

(26) サッカーの日本代表監督が突然解任された。あんな場当たり的な組織づくりをしているようでは今後が思いやられる。そうそう、組織づくりといったら、先日、職場で次の改革案が報告されたのだが、そこにはこれまでの議論の成果が全く組み込まれていなかった。あれでは、今後の議論に対する意欲がなくなってしまう。

(27) 「来てなかったよ。暇な奴だから、てっきり顔を出すんじゃないかと思ってたんだけど。オフ会の日程は知っていた筈だし」「暇というと、彼、仕事は何をされている方なんですか？」「いや。就職していないんだな、これが。フリーターみたいなことしながら、同人誌活動をしているらしい」

9　更には、この「（評価・属性）引用構文」の中には、前件の「何かを言う」という事象全体ではなく、引用句の中身に対して言及するものもあったことを思い起こされたい。このタイプは「といえば、といったら、というと」が「解説」の対象から外れていると考えられ、より「主題-解説」構造に近づいていると言えよう。

第 4 章　用法の背景

(BCCWJ：西澤保彦「実況中死」)

　この話題転換文の特徴として、「といえば、といったら、というと」の後続部に新たな主題が提示可能であるという点が挙げられる。上の例で言うと、その主題とはそれぞれ、(25) は後続部にある「あれ (= どっかの中学校の校庭に机を積んで 9 をこしらえた事件 (の犯人))」、(26) は「そこ (= 次の改革案)」、そして (27) は「彼」だと考えられる。そして、その主題は「といえば、といったら、というと」の前接部を指示するものではない。

　その一方で、評価や属性を述べる引用構文のところで行ったように「といえば、といったら、というと」の前接部を指示する「それは」をこの話題転換文の後件に挿入しても、容認度の低い表現となる。

(25′) ＊九といえば、それは、このあいだどっかの中学校の校庭に机を積んで 9 をこしらえた事件、あれは捕まったのね。
(26′) ＊そうそう、組織づくりといったら、それは、職場で次の改革案が報告されたのだが、そこにはこれまでの議論の成果が全く組み込まれていなかった。
(27′) ＊暇というと、それは、彼、仕事は何をされている方なんですか？

　このことからも、話題転換文における「といえば、といったら、というと」の後続部は、その前接部に対する解説の関係にはない、ということが確認できるのである。

3.　用法の背景

　これまで、「といえば、といったら、というと」に共通して見られる用法の背後に見られる関係性について考察を行ってきた。まとめると、連想文、課題設定文、(評価・属性)引用構文は、その背後に「主題–解説」構造に類する関係が見出せること、そして、話題転換文にはその関係性が見られない(いわば、上記の関係から解放されている)ことが明らかになった。このこと

は、用法の発生には、その言語の基本となる文の構造が影響を与え得ることを示唆していると言うことができる。もちろん、この議論には他言語との比較が欠かせないが、それは本書の内容を大きく超えるものであるため行えない。しかし、少なくとも日本語の用法の発生に「主題-解説」という関係が重要な意味を持つと言えそうである。

　第2章で確認したように、日本語とは「主題-解説」構造を文構造の基本モデルとする言語だとされている。本章の考察のように、動詞がその働きの一部を後退させ発生した用法の背後に、「主題-解説」に類する関係が存在するということは、「主題-解説」構造がある種（「鋳型」のように）モデルとして機能していることの1つの証左と考えられるのではないだろうか。

　また、連想文はうなぎ文との類似性が、課題設定文は指定叙述文との類似性が、そして（評価・属性）引用構文は属性叙述文との類似性が見出せることも分かった。うなぎ文（西山（2003）によると、属性叙述文として扱える）、指定叙述、属性叙述とは従来、提題文の働きとして扱われることの多いものである。これらの表現との類似性が、各用法にそれぞれ見られるというのも非常に興味深い点だと言える[10]。

4. おわりに

　以上、本章では、第3章で提示した用法の背後に存在する関係性という

---

[10] 本章の考察により、連想文、課題設定文、（評価・属性）引用構文そして提題文の背後には「主題-解説」といった関係が存在し、話題転換文にはそれが見られないことが明らかになった。ここに認知言語学的視点を加えると、「主題-解説」の関係が存在するということは、連想文、課題設定文、（評価・属性）引用構文、提題文の背後には「参照点（reference point）」と「ターゲット」の関係が存在すると捉え直すことができる。そして、「参照点」と「ターゲット」ということであれば、話題転換文における「といえば、といったら、というと」の前接部と後続部の関係もそう捉えることは十分に可能であろう。そういった意味では、これらの用法は「主題-解説」という関係においては、上記の用法の中では話題転換文のみがその関係から解放されているとみなせるが、それより上位の「参照点」と「ターゲット」という関係においては全てが同じ括りに入るということになる。もちろん、参照点構造は「主題-解説」構造や所有格表現等を包括するより上位の概念であると考えられるので、このことは本書の主張と矛盾するものではない。

第4章 用法の背景

ものに着目して考察を行ってきた。第3章の考察により既に、「といえば、といったら、というと」という形式に文法化が関わっていることは確認できている。しかし、文法化しているというだけでは、本書の提示する用法の存在理由がすぐには説明できない。そこに、日本語は「主題-解説」構造が基本として存在するという考えを取り込むことで、これだけ多様な用法が存在する理由へと1歩迫ることができるのではないかと考えたわけである。

第 5 章

引用形式を用いた提題文の叙述の類型

　本章では、「といえば、といったら、というと」を用いた提題文と各提題文が表す叙述の類型との対応関係について考察する。結論としては、これら提題文は属性叙述や指定叙述には適した表現であるが、事象叙述文としては用いられにくいことを指摘する。

　従来、叙述の類型と文の構造との間には一定の対応関係があるとされていたが、近年ではこの指摘の必要性が見えづらくなっていると言える。そこで本章において、「といえば、といったら、というと」を用いた提題文と叙述の類型との間に一定の対応関係が存在することを示すことで、上記の指摘の重要性を再確認する。

第5章　引用形式を用いた提題文の叙述の類型

1. はじめに

　本書ではこれまで、「といえば、といったら、というと」を用いる文にはどういった種類が存在するのか、そしてそれらの用法間の異同やその用法の背後にある関係性について考察してきた。そこでは、提題文以外においても、日本語の文構造の基本モデルとされる「主題-解説」構造が重要な意味を持っていることが明らかになった。これを受けて本章では、第3章で提題文とした、「といえば、といったら、というと」が提題標識として用いられる文について考察を行う。具体的には、各標識を用いた提題文とその文が表す叙述の類型との間には、どういった対応関係があるのかという問題を中心に考えていく。

　これまでも度々述べてきたことだが、「といえば、といったら、というと」には提題標識としての用法も存在し、この用法に関連する考察は既に幾つか存在する。そうした中で本書が敢えてこの用法を取り上げるのは、叙述の類型研究が抱える大きな問題の1つである、叙述の類型と文の構造との関係について考察したいという動機によるものである。

　近年、叙述の類型に関する研究が話題に上るとき、その多くは、属性（あるいは事象）にはどういうタイプが存在するかといった分類に注目が集まることが多かった。しかし、第2章、あるいは本章の2節でも述べるように、叙述の類型研究はその初期の頃から、その類型と文の構造の対応関係への指摘も行われているのである[1]。本章はこうした対応関係の問題についての考察として位置付けることができる。これは、叙述の類型研究のみならず、文の構造と意味との対応関係を考察する立場の研究においても重要な意味を持つ考察だと言えるだろう。

　本章の構成は次の通りである。まず2節において、本章で「といえば、といったら、というと」を用いた提題文を考察対象とすることの意義を述べ、本章の考察が、叙述の類型研究に貢献し得ることを示す。次に3節で

1　例えば、「文の統語構造を考えるうえで、「叙述の類型」の概念が重要な意義を有する」（益岡（1987: 38–39））という指摘がある。

は、この提題文を扱った先行研究の概観を行う。「といえば、といったら、というと」の3形式を同一の研究内で扱った代表的なものとして、森田・松木（1989）と日本語記述文法研究会（編）（2009a）をとりあげる。そこでは、本章の問題意識に通じる指摘がされていることを示したい。そして4節で具体的な考察を行い、「といえば、といったら、というと」を用いた提題文では動的な事態を述べづらいことを指摘する。これは、文の構造と叙述の類型との間に一定の対応関係が見られることを示すことにつながる。5節は本章のまとめである。

それでは、まずは次節において本章の議論の背景を確認することから始めよう。

2. 議論の背景

本節では、提題標識としての「といえば、といったら、というと」を用いた提題文について考察することが叙述の類型研究にどのように貢献するのかを、先行研究の概観もしながら述べることにする。

第2章で確認したように、叙述の類型という概念は主に日本語の記述的研究の中で言語類型論等の成果も取り入れながら発展を遂げてきたと言える。そこでは様々な提案がなされているが、その中に、「属性を述べるタイプの文は基本的には有題文であり、事象を述べるタイプの文は基本的には無題文である」といった趣旨のものがあった。まずはこの点を再度確認しておきたい。

佐久間（1941）以来、三上（1953, 1963）、益岡（1987, 1991, 2000, 2004, 2008, 2013, 2014, 2016, 2018）と継承されてきた説の一つに、属性叙述文は提題文として表現されるという主張があった。これはつまり、叙述の類型は単に意味的な問題に留まらず、文の構造との間にも対応関係があることを指摘したものである。

例えば、佐久間（1941）では事象叙述文（佐久間（1941）では「物語り文」と呼ばれる）の文型が(1)のように、そして属性叙述文（佐久間（1941）では「品

第 5 章　引用形式を用いた提題文の叙述の類型

さだめ文」と呼ばれる）が (2) や (3) のように規定されている[2]（佐久間 (1941: 154–155)。下線は筆者による）。

(1)　　（何々）が（どうか）する［した］。　　〈事象叙述文〉
(2)　　（何々）は（かう⌒）だ。　　〈属性叙述文〉
(3)　　（何々）は（何か）だ。　　〈属性叙述文[3]〉

そして、以下の抜粋部にもあるように、佐久間 (1941) の上記の指摘がそれ以降の研究においても引き継がれているのであった。

> 外形にあらわれる特徴として、動詞文は係助詞「ハ」がなくても完全でありえるのに対し、名詞文は「ハ」に助けられるのを原則とする。
> （三上 (1953: 42)）

> 属性叙述文は、一般に対象表示成分が「主題」（「名詞＋ハ」）の形式で表される、という点が特徴的である。
> （益岡 (1987: 23)）

このように、叙述の類型をめぐる議論においてその類型と文の構造（提題文であるか否か）との間に一定の対応関係が存在することは研究の初期の頃より絶えず指摘されてきたと言える。それにもかかわらず、近年、この指摘の必要性が十分に示せているとは言い難いように思える。管見の限りでは、こうした問題と関連して行われた議論としては、第 2 章でも挙げた、益岡 (2004, 2007) による事象叙述文の（談話・テクストレベルの要請による）提題文化の現象をめぐるものが挙げられるのみである。

それでは、現代日本語の研究において、こうした叙述の類型と文の構造との関係への言及はそれほど重要なものではないのであろうか。本書はこれについては否定的、つまり、こうした指摘は重要であると考える。そこで次に、この点をめぐる本書の考えを述べてみたい。

---

[2]　第 2 章でも述べたように、佐久間 (1941) は「品さだめ文」を更に「性状の表現」と「判断の表現」に下位分類するのだが、本章ではこれらの差異には触れない。

[3]　厳密には、(3) の構造をした文には属性叙述文だけではなく指定叙述文も存在する。

2. 議論の背景

　前述したように、従来、叙述の類型研究において、属性叙述文と提題文との間には対応関係があるとされてきた。ただし、そこでは多くの場合、考察の対象となっていたのは主に「は」を用いた提題文であった[4]。ところが、この「は」を用いた提題文は以下のように、事象叙述文においても使用することが可能であることは、既に第 2 章でも確認した通りである。

(4)　昨日、建石さんは、K 大学まで出かけた。

　こうした現状では、叙述の類型と文の構造との対応関係を主張する議論の有益さが見えづらくなっているとも言えるのではないだろうか[5]。そこで本章で考えたいのは、こうした叙述の類型と文の構造の対応関係に言及することの必要性である。
　確かに、「は」を用いた提題文は事象叙述文においても用いられる。しかし、本書で扱う引用形式由来の提題標識は必ずしもそうとは言えないのである。次の例を参照されたい。

(4′)　*昨日、建石さん（といえば／といったら／というと）、K 大学まで出かけた。

　これは事象を述べた文だが、「といえば、といったら、というと」を用いると容認度が低くなることが分かる。これは、「といえば、といったら、というと」を用いた提題文はある特定の叙述しか表せないこと、つまり特定の叙述との対応関係が存在することを示唆している。そういった、特定の文が一部の叙述を表すために存在することを示せれば、それは叙述の類型と文の構造との対応関係に言及することの意義を示すことにつながるだろう。
　このように、本章において「といえば、といったら、というと」を用いる提題文が表す叙述の類型についての考察を行うことが、上記の対応関係を指摘することの必要性を示すことにつながることを述べたい。

4　例外的に、益岡（2012）は「は」以外の提題標識についても言及した研究である。
5　先に挙げた、益岡（2004, 2007）による事象叙述文の提題化現象についての議論はこの点を解決すべく行われたものとして捉えることができる。

第 5 章　引用形式を用いた提題文の叙述の類型

3.　先行研究概観

　まずは、先行研究において各提題文がどのように扱われてきたのかを確認しておきたい。引用形式が提題標識としても用いられることは従来指摘のあるところであるが、そうした指摘の中でも、「といえば、といったら、というと」の 3 形式を同一の研究内で扱った代表的なものとなると森田・松木（1989）と日本語記述文法研究会（編）（2009a）が挙げられる。そこで、次節から行う考察の前に、これら先行研究において「といえば、といったら、というと」を用いた提題文の何が話題として取り上げられてきたのかを確認しておきたい。

　森田・松木（1989）や日本語記述文法研究会（編）（2009a）では「といえば、といったら、というと」が用いられた提題文について次のように述べられている。

> "〜を話題にすれば" "〜に言及すれば" の意で、題目を提示する時に用いる。その場の誰かが既に話題にしていたり、自分が心の中で思い浮かべていたりした事柄を積極的に自分から引き取って題目化し、それをきっかけに関連事項を述べていくといった表現である。
>
> （森田・松木（1989: 50））

> 「といえば」類（「といえば」「というと」「といったら」）は、文脈に出てきたものを新たに主題として提示して主題から連想されることを述べたり、主題にあてはまる事物や人物を挙げたり、主題の特徴や本来的な属性や聞き手の理解を助ける説明を述べて、解説を行う文において用いられる。
>
> （日本語記述文法研究会（編）（2009a: 247））

　上記の抜粋部からまず、先行研究においても「といえば、といったら、というと」が提題標識として用いられると指摘されていることが確認できる。そして、これまでの議論からも明らかなように、本書もこの意見に賛同するものである。

3. 先行研究概観

　では、これら先行研究において、「といえば、といったら、というと」を用いた提題文の何が話題となっていたのであろうか。この点について、日本語記述文法研究会（編）(2009a)に重要な指摘がある。日本語記述文法研究会（編）(2009a)は上記抜粋部とは別の個所で、提題文の解説部（述部）の内容について次のように述べているのである。

　　　主題に対する叙述としては、(中略)その主題から連想されることを述べるのが一般的である。連想の内容は、一般的にその主題の主要な属性や特徴であると思われているものもあれば、話し手の体験や個人的な発想もある。
　　　また、あるものを主題として提示したうえで、そこに当てはまる事物や人物を挙げる文でも用いられる。
　　　　　　　　　　　　　　（日本語記述文法研究会（編）(2009a: 248)）

このように、「といえば、といったら、というと」が提題標識として用いられる文を観察する際、その解説部においてどういった叙述が行われるか、という点が問題となり得ることが分かる。そして、上記抜粋部によると、各提題文の述部で提示されている解説部の内容としては、以下の3つがあるとのことである。

(ア)　主題の主要な属性や特徴
(イ)　話し手の体験や個人的な発想
(ウ)　あるものを主題として提示したうえで、そこに当てはまる事物や人物

　本書の立場から換言すると、ここに挙げた3つの叙述内容はそれぞれ、(ア)は属性叙述、(イ)は事象叙述、そして(ウ)は指定叙述を指すものと考えられる。これは叙述の類型をすべてカバーしていると言え、このことから、日本語記述文法研究会（編）(2009a)は「といえば、といったら、というと」を用いた提題文は、その叙述の類型に制限は無いと考えているとも捉えることができる。そして、仮にこの立場を極端に推し進めていくと、先に述べた叙述の類型と文の構造との対応関係に対する言及は必要無いという主張

も出てきかねないだろう[6]。

　ちなみに、上記の他に「といえば、といったら、というと」の中でも、特に「といったら」（と「ときたら」）が関わる現象について、次のような興味深い指摘が見られる。本章の議論では扱わない現象だが、「といえば、といったら、というと」を用いた提題文を理解するにあたり重要な指摘であるので、簡単に紹介しておく。

> 「といえば」「というと」は、題目提示の複合辞としては、特別な意味の付加されていない、最も無色透明で代表的な表現である。最後の例（筆者注：「その花に群がる蜜蜂といったら大したものです。」という例のこと）の「といったら」は、感嘆・驚きなどの感情を誘発した事柄を題目化しているもので、それだけ話者の感情が強くこめられている。
> 　　　　　　　　　　　　　　　　　　　　　（森田・松木（1989: 51））

> 「ったら」類（「ったら」「ってば」「ときたら」「といったら」）は、人物や事柄を主題として感慨をこめて提示し、それらに対する話し手の評価を述べるのに用いられる。
> 　評価は批判的なものや、マイナスの評価であることが多く、文には話し手の嘆きや憤慨、あきれの気持ちなどがこめられていることが多い。（中略）批判やマイナスの評価以外に、人物や事柄がもつすごさや程度のはなはだしさを述べるのに用いられることもある。
> 　　　　　　　　　　　（日本語記述文法研究会（編）（2009a: 241–242））

　ここから分かることは、森田・松木（1989）では「といったら」、日本語記述文法研究会（編）（2009a）では"「ったら」類"と呼ばれる形式が用いられた文（本書で扱う範囲で言うと、「といったら」と「ときたら」が用いられた提題文[7]）は従来、それら提題文の表す「感嘆・驚き・感慨」等の「評価」的な

6　もちろん、日本語記述文法研究会（編）（2009a）がこう主張しているというわけではない。
7　「ときたら」については、本書の補説において考察を行う。

意味に注目が集まっていたということである[8]。

　以上、ここまで「といえば、といったら、というと」を提題標識として用いた提題文に言及する先行研究を概観してきた。そこで分かったのは、先行研究では、各提題文の叙述の類型の制限に関する考察はまだ行われていない（少なくとも、そう解釈できる可能性を残している）こと、そして「といったら」（と「ときたら」）は、「といえば、というと」にはない「評価」的な意味を持つとされていることであった。こうした指摘の中でも本章では、前者の各提題文の叙述の類型の制限について議論を行い、後者の評価的意味については第6章で触れることにしたい。

　議論に入る前に、上記の問題に対する本書の立場を述べる。本書では、叙述の類型と文の構造の対応関係の指摘は、「といえば、といったら、というと」を用いた提題文に関しては有効であると考える。つまり、本書の考察の範囲においては文の構造と叙述の内容との間に一定の対応関係が存在すると考えるのである。

　それでは次節より、文の構造と叙述の類型との対応に関する考察を行っていくことにしよう。

4. 各提題文の叙述の類型

　それでは「といえば、といったら、というと」を用いた提題文についての考察に移ろう。これまで述べてきたように、本節では「といえば、といったら、というと」の各標識が用いられる提題文が表す叙述の類型を観察していく。第2章で紹介した叙述の類型の分類の中でも本章で注目したいのが、「属性叙述」、「事象叙述」、そして「指定叙述」の分類である。これらの分類に基づくことで、「といえば、といったら、というと」を用いた提題文と特定の叙述との間に対応関係があることを示したい[9]。これは、延いては、叙述

8　この他にも、これと同様の指摘として、森田・松木（1989: 53）に「ときたら」に関して、「不満・非難・自嘲などの気持ちがこめられることが多」い、という指摘も見られる。

9　属性と事象をつなぐ〈非内在的属性〉については、その中間的な性格からか、まだ明らか

の類型の分類が言語現象の分析に有益であることを示すことにもつながるだろう。

考察の順序としては、以下、まずは属性叙述から見ていくことにする。第2章でも述べたように、その属性にもいくつかのタイプが存在する。そこで、そのタイプ分けに基づき、〈カテゴリー属性〉、〈性質属性〉、そして〈習性属性〉、〈履歴属性〉の順に観察し、その後〈指定〉〈評価的意味〉の例を観察し、各提題文の表せる叙述の類型を確認していく。そして、その結果として、「といえば、といったら、というと」を用いた提題文には、表せる叙述の類型に制限があることを示す。繰り返しになるが、このことは、叙述の類型と文の構造との間の対応関係を指摘することの意義を確認することにつながる作業であると言える。

4.1 属性叙述

まずは、各提題文と属性との関係から観察していきたい。前述したように、属性には少なくとも本来的に属性を表す〈カテゴリー属性〉と〈性質属性〉、そして、事象が習性化したり履歴として残ったりすることで属性となる〈習性属性〉と〈履歴属性〉とが存在することが指摘されている。そこで以下、カテゴリー属性、性質属性、習性属性、そして履歴属性の順に例を観察していく。

4.1.1 カテゴリー属性

各提題文が述べる主題名詞句の属性の中でも〈カテゴリー属性〉と呼ばれる属性を述べる場合から観察していこう。このカテゴリー属性を表す文の典型は名詞述語文（XはYだ。）であり、「対象Xがカテゴリー Yに属することを表す」（益岡 (2008: 6)) ものとされる。その具体例としては、次のようなものが挙げられる。

(5)　秀吉は前関白の近衛前久をくどいて、無理やり養子にしてもらい、つ

にされていない点が数多く残されているため、ここでは取り上げないことにする。

いに、天正十三年七月十一日付で、従一位関白の宣下をうけることになった。信長さえ、生前は右大臣にしか進めず、本能寺で死んでから従一位太政大臣を追贈されたのだから、これにくらべると、大変な昇進であった。関白職といえば、天皇の委任で百官を統率し、万機の政務を執行する朝廷最高の官職である。

(BCCWJ：徳永真一郎「島津義弘」)

(6)　「なにがいいたいんです？」「だからあ」遥香はいまにも足踏みをはじめそうだ。「密室じゃありませんか」「なんですって」淵野辺が寒さを忘れたように、ポカンとした。「密室といったら、本格ミステリー最高の謎ですよオ」

(BCCWJ：辻真先「風雪殺人警報」)

(7)　海舟は、まず、しっかりした図面を書きました。それを腕の達者ないもの師にわたしました。そのいもの師がまもなくやってきて、「これはほんの御礼ごころです」といってさしだしました(ママ)。どうも五、六百両はあります。「なんだいこれは…」「申しおくれましてすみません。これはまあお神酒料といったところでしょうか」「お神酒料というと神様にあげるものだ。わたしはあいにく神様ではなく貧乏旗本の勝海舟だよ」「実は、どの先生もお受取りになっているものなのでございます。どうか…」

(BCCWJ：杉田幸三「勝海舟」)

　(5)〜(7)はそれぞれ、「関白職」が「朝廷最高の官職」というカテゴリーに属すること(5)、「密室」が「ミステリー最高の謎」というカテゴリーに属すること(6)、「お神酒料」が「神様にあげるもの」のカテゴリーに属すること(7)を述べた文である。

　上記の例からも分かるように、カテゴリー属性を表す場合、「といえば、といったら、というと」の形式間の容認度に大きな違いはない。そしてこれらは、その属性が名詞述語で表現され、時間軸上の特定の時点における出来事を述べているわけではない(例えば(5)であれば、主題名詞句「関白職」

第 5 章　引用形式を用いた提題文の叙述の類型

の特定の日時の行為を述べているのではない)ことからも、属性を述べる文だと考えて良いだろう。このように、「といえば、といったら、というと」が提題標識として用いられる文は、まず対象のカテゴリー属性を述べることが可能であるとまとめることができる[10]。

4.1.2　性質属性

次に見ていきたいのは、属性の中でも〈性質属性〉と呼ばれる属性を述べる場合の例である。この性質属性を述べる文とは、対象が有する性質を表す文で、形容詞述語文を典型とするものである(益岡 (2008, 2018))。具体例には、次のようなものがある。

---

[10] この他に、引用形式を用いた提題文の大きな問題として、次のようないわゆる「メタ的」に問い返す文をどう位置付けるか、というものがある。
 (i) a. 田中さんが結婚するらしいよ
 　　b. 田中さん<u>っていうと</u>、あの営業部の切れ者？
　　　　　　　　　　　　　　　　　　　　(日本語記述文法研究会 (編) (2009a: 248))
こうした表現には、主に「というと」が、そして場合によっては「といったら」も用いられる (岩男 (2016b))。上記のようなメタ的な文をめぐる大きな問題としてまずは、そもそも、疑問文を叙述の類型という観点からどう扱うかという問題があるだろう。これまでの叙述の類型研究は、いわゆる命題的意味を中心に議論が行われてきたので、モダリティ的側面の叙述の類型への影響については考える必要がある。また、それに加えて、仮に叙述の類型という観点からこの文の扱いを考えるとした場合、この文が「田中さん」の指示対象について述べているということを重視するならば、その働きは指定叙述文に類するものだと捉えられることになる (現に、日本語記述文法研究会 (編) (2009a: 248) もこの文について「指示対象を確認したり尋ねたりする」と述べている) と思われるのだが、果たしてそれで良いかという問題がある。指定叙述文の広義主題名詞句は非指示的だとされている。しかし、(i) のような既出の表現を引用形式で提示する場合、その主題は、その既出の表現を「実物表示」(藤田 (2000)) によって指示しているとも考えられるのである。そう考えると、(i) は、既出の言語記号「田中さん」を指示し、それについて述べる文だということになる。この場合、(i) のような文は、主題部の言語記号の属性 (つまり、当該の名詞句は何を指示する名詞句であるのかという点) について述べた属性叙述文だということになるだろう。このように、(i) のタイプの表現の位置づけは、今後更に議論の余地を残した問題なのである。また、従来の指定叙述文の定義に合致する、(引用形式を用いながらも) 広義主題名詞句が非指示的である表現は別に存在する。こうした表現については第 3 章でも例を挙げたが、本章でも後に本文中で扱う。

4. 各提題文の叙述の類型

(8) 今日、経営の神様というと松下幸之助の名が挙げられるが、もう一時代前は小林十三(ママ)であった。私鉄経営、百貨店、そして映画演劇の東宝と、さまざまな分野で業績を挙げた人物だが、私鉄経営の手はじめは、大阪・宝塚間の箕面有馬電気軌道、明治四十三年三月の開業である。宝塚といえば宝塚歌劇で有名だが、その宝塚歌劇団もそもそもは、この一向に流行らない電車に乗客を誘致するため、小林が思いついたものだった。
（BCCWJ：三田純市、西尾忠久「われらカレー党宣言」）

(9) "日米同時ひとり通訳"長島アメリカ買物旅行
長島茂雄さんといったら、球界でもかなりのダンディですわ。洋服のコマーシャルに出てるのを見ても、バシッと決めてます。ただ長島さんは自分ではあんまり洋服を買ったりせんらしい。
（BCCWJ：板東英二「プロ野球ここを喋る奴はウチから出ていけ」）

(10) それにしても日本の政治家というのはどうしてこうもいたるところ一面の焼野原みたいに惨憺たるご面相をしているのだろう。しかもその立居ふるまいが政治家というと中央のヒトも地方のヒトもとにかくみんなカッコ悪いのはどうしてなのだ。
（BCCWJ：椎名誠「おろかな日々」）

これは全て、形容詞（形容動詞）を述語とする属性叙述文である。それぞれ、主題名詞句「宝塚(8)」「長島茂雄さん(9)」「政治家(10)」の「(宝塚歌劇で)有名だ(8)」「(かなりの)ダンディだ(9)」「カッコ悪い(10)」という属性を有していることを表している。そしていずれも、その容認度は高い。このように、「といえば、といったら、というと」を用いた提題文は、3形式ともに、形容詞述語を典型例とする性質属性を表すことも可能だとまとめることができる。

4.1.3 習性属性

次に見ていくのは、本来は事象を表すはずの動詞が（習性化や履歴化によ

第 5 章　引用形式を用いた提題文の叙述の類型

り）派生的に属性を表すようになったタイプの表現である。よって、動詞述語で表されるのを典型とする。

　こうしたタイプの最初の例として見ていくのは、〈習性属性〉と呼ばれるものである。これは、ある行為が習性化することで、対象の属性としてみなされるようになるものである。例を以下に挙げる。

(11)　電気エネルギーを利用した人工光による照明の歴史は、これまでのわずか五十年間であり、それ以前は、建築物の照明<u>といえば</u>昼間には自然光を用い、夜間にはたいまつ、行燈を用いていた。
　　　　　　　　　（BCCWJ：入江建久、宿谷昌則「建築環境設備学」）
(12)　私の周囲の人間は皆、修学旅行で海外へ行ったと聞くととても驚く。というのも、我々にとって修学旅行（<u>といったら／というと</u>）、国内旅行のことを指すのだ。

　これはそれぞれ、(11) は「建築物の照明」に「昼間には自然光を用い、夜間にはたいまつ、行燈を用いる」という行為が習性化していたこと、(12) は「修学旅行」という表現が「国内旅行を指す」ということが習性化していることを述べている[11]。このように、動詞で表す行為が習性化した属性を述べる場合にも「といえば、といったら、というと」を用いることはできるのである。

　ただし、付言ながら、(11) が実例であるのに対して、(12) は作例である点に注目されたい。「といったら、というと」が作例であることから分かるように、この動詞を述語とする習性属性の場合、「といえば」に比べると、「といったら、というと」の実例は、これまでに見てきた他の属性に比べると見つけるのが困難である。ただし、(12) から分かるように、表現が不可能だというわけではない。こうした観察結果から、この動的な事態を属性として述べる表現は、「といえば、といったら、というと」の使用を分ける、

11　例えば (11) を習性が履歴として残っていると考えれば、〈習性属性〉と〈履歴属性〉の混合したものと捉えることも可能かもしれない。こうした点に鑑みれば、この両属性も連続的なものとして捉えることができる。

いわば分水嶺的存在にあたると言えそうである[12]。

　この観察から分かることをまとめると、「といえば、といったら、というと」を用いた提題文は、事象が関与してくると、「といえば」に比べれば「といったら、というと」はそれほど頻繁に使用されるわけではないと言うことができそうである。

4.1.4　履歴属性／事象

　次に見ていきたいのは、〈履歴属性〉や〈事象〉を述べる表現である。第2章でも見たように、履歴属性とは特定の時空間上で生じた事象が履歴として当該の主題名詞句の属性として捉えられるようになったものである。つまり、事象と非常に近い関係にあると言うことができる。よって、実例を見てこの両者を厳密に分けることは現段階では難しい[13]。そこで本章の考察では、この履歴属性と事象を分けずに動的な事態としてまとめて取り扱うことにする。

　先の習性属性のところで、「といえば」に比べると、「といったら、というと」は事象が派生的に属性となる表現は用例が見つかりにくいと述べた。この観察が確かならば、この一回的な事象を属性として述べる表現にも同様のことが当てはまることが予測される。むしろ、この履歴属性は主に一回的な事象に基づく属性であることから、これまでのどの属性叙述よりも事象叙述に近い表現だと考えられるため、「といえば、といったら、というと」を用いた提題文で表すのは（習性属性よりも）更に困難であると考えられる。そして、例文を観察するとその予測は正しいことが確認できるのである。「といえば、といったら、というと」を用いた提題文の例から特定の時空間で生じた一回的な出来事を述べるものを探すのは非常に困難である。ただしその中でも、「といえば」については、次のような例が見つかる。

(13)　「だれがハウスユースとして泊まっていましたか」「客室支配人の田島

12　本書では行わないが、次の段階の研究として、こうした叙述の類型と各提題文との対応関係についての量的な調査が必要となるだろう。

13　このことは第2章で述べた、属性と事象の連続性を示している。

第 5 章　引用形式を用いた提題文の叙述の類型

さんです。我々の上司ですが、凄いやり手で上層部の信頼も厚い人です」「客室支配人といえば（?といったら／??というと）、たしか私たちが異変を連絡したとき、二千五百十五号室へ駆けつけたホテル側スタッフの中にいたように記憶しておりますが」

（BCCWJ：森村誠一「異型の街角」）

　これは、「私たちが異変を連絡したとき」という時間性と「ホテル側スタッフの中」という空間性を備えた表現であり、「いた」という動詞が過去の特定の時点を指すために用いられている[14]。つまり、特定の時空間上における出来事を述べる表現で、その時の「ホテル側のスタッフの中にいた」という行為が「客室支配人」をいわば「履歴」として特徴づける事態とされている（あるいは、単に目撃した事象として述べられている）のだと言える。ただし、「といえば」であっても、こうした動的な事態を表す文は、これまでに観察した属性ほど頻繁に見られるわけではない。また、「といったら、というと」の容認度は「といえば」と比べるとやや低い。このように、一回的な出来事を述べる表現を述語に取る表現では、「といえば、といったら、というと」を用いた提題文は、その使用に制限が生じるのである。

　では、「といえば」に関して言えば、頻繁には見られないとはいえ、履歴属性（あるいは事象）を叙述する文として制限なく用いることが可能だとして良いだろうか。本書ではこの点について否定的な立場をとる。その理由として、次のような現象が挙げられる。

(14) ＊あれっ。客室支配人といえば、あんな所にいるぞ。
(14′) ＊昨日、客室支配人といえば、廊下にいました。

　これは、発話現場に存在する人物を指示する名詞句を主題とする例である。このように、履歴属性（あるいは、事象）の場合であっても、その主題名詞句は現場指示的には用いられない。そもそも、事象やそれに基づく履歴属

14　この点、習性属性を述べる (11) がタ形でも過去の一時点の出来事を表していなかった点と対照的である。

4. 各提題文の叙述の類型

性を述べる文とは、典型的には特定の時空間上においてその事態の参与者が関わる行為を述べる文である[15]。ところが、引用形式を用いた提題文の主題名詞句は文脈上に既出の表現を指示するものであり、述部で述べる事態の参与者を直接指示するものではない。こうした名詞句の性質の違いが、引用形式を用いた提題文における事象や履歴属性に対する制限を生んでいると考えられる（4.3でこの点について更に述べる）。

それでは、(13)のような表現はどう捉えられるだろうか。この問題について本書では次のように考える。(13)における主題名詞句（客室支配人）は、その事象の参与者（動作主）というよりも、述部を想起するためのきっかけとしての意味がより前面に出ていると捉えるのである。そう考える根拠として、次のような言い換えが可能である点が挙げられる。

(13′)　客室支配人といえば、たしか私たちが異変を連絡したとき、二千五百十五号室へ駆けつけたホテル側スタッフの中に客室支配人がいたように記憶しております。

これは、文頭の「客室支配人といえば」における「客室支配人」が「（スタッフの中に）いた」という事態の参与者としては機能していないことを意味する。このことは、次のように、主題名詞句が文脈指示的なものに限定されない「は」の場合は言い換えが困難であることからも分かる。

(13″)　*客室支配人は、たしか私たちが異変を連絡したとき、二千五百十五号室へ駆けつけたホテル側スタッフの中に客室支配人がいたように記憶しております[16]。
　　　（cf. 客室支配人は、たしか私たちが異変を連絡したとき、二千五百十五号室へ駆けつけたホテル側スタッフの中にいたように記憶しておりま

15　「事象叙述文とは、特定の時空間に出現する出来事（event）を叙述する文である」（益岡(2016: 218)）

16　この文に登場する2つの「客室支配人」がそれぞれ異なる人物を指すという解釈であれば成立しなくもないが、もちろんそれは本書が意図する解釈ではない。

第5章　引用形式を用いた提題文の叙述の類型

す。)

　そして、このように考えると、(13)は話題転換文の一種として捉えられるということになろう。そうすると、「といえば、といったら、というと」は事象ならびに、それに基づく履歴属性は表せないということになる[17]。
　以上が、「といえば、といったら、というと」を用いた提題文と属性叙述との対応関係についての観察である。観察の結果、時空間的な限定のある動的な事態は、この提題文を用いて表現することが困難であることが明らかになったと言える。

4.2　指定叙述

　次に、「といえば、といったら、というと」が用いられる指定叙述文の観察を行っていこう。先に、時空間的(特に時間的)な限定のある動的な事態の関与が、提題文の使用に影響を及ぼすことを指摘した。となると、この指定叙述文はこうした事態との関わりが問題とならない表現であるため、3形式の使用にも大きな差異は無いことが予想される。果たして、その予想は正しいことが分かるのである。以下の例を参照されたい。

(15)　ほとんどの離婚女性は、結婚前に働いた経験がないし、あったとしてもごくわずかなので、給料の安いスーパーのレジ、デパートの店員、ウエートレスなどしか、仕事口がない。ただ一つ、すぐに高給が手に入るところといえば、バーのホステスである。名のとおった大きな会社では、離婚した女性を雇おうとしないが、中小企業では、彼女たちを雇いたいと言う。
　　　　　　　(BCCWJ：ジェーン・コンドン、石井清子「半歩さがって」)
(16)　「アチシのばあいは、普段したいことがますますしたくなるのよお、こまっちゃう。」「ふだんしたいことって、ギョッ、ゲーッ、まさか！」「そのまさかよお。ふっ、ふっ、ふっ。」ぶきみー！ボクちゃん

17　(13)のような文が「といえば」にのみ見られるのはなぜかという問題が残るが、それについては今後の課題とする。

は、みぶるいした。デカ子のすきなことといったら、たべること。たべることっきゃないってしとなのだ。

（BCCWJ：浅川じゅん「モモタロウ殺人事件」）

(17) 今日無派閥を名乗っている後藤田や小沢辰男らも、過去においては派閥の看板を堂々と掲げていたことになる。全くの無派閥暮らしというと、鈴木宗男と浜田幸一だ。

（BCCWJ：本澤二郎「裏から見た自民党派閥」）

上記の例は次のような言い換えができることから、指定叙述文であることが分かる（西山（2003））。

(15′) バーのホステスが、すぐに高給が手に入るところだ。
(16′) たべることが、デカ子のすきなことだ。
(17′) 鈴木宗男と浜田幸一が全くの無派閥暮らしだ。

このように、指定叙述文においては「といえば、といったら、というと」は3形式とも使用が可能であることが分かった。

4.3 まとめ

これまで、属性叙述（一部、事象叙述にも相当）、指定叙述と「といえば、といったら、というと」を用いた提題文との対応関係について観察してきた。その結果、時空間的な限定のある動的な事態の場合、この提題文は用いられにくいことが明らかになった。これは、ある特定の提題文は特定の叙述の類型と対応関係にあることを意味する。つまり、本書が主な考察対象としている提題文に関しては、先行研究で指摘されてきた、文の構造と叙述の類型との対応関係の存在が認められるということである。

そして、こうした動的な事態を述べる際に制限が生じる理由を本書では、その主題名詞句の性質にあると考えるのであった。この点について再度確認しておこう。次の例を参照されたい。これは事象を述べる表現であるが、3形式ともに、容認度は低い。

第 5 章　引用形式を用いた提題文の叙述の類型

(18)　その時、板垣君（は／*といえば／*といったら／*というと）、何も言わずに頷いた。

　この容認度の低さには、これまでに指摘してきた主題名詞句の性質が関わっていると考えられる。(18)の主題名詞句は、特定の時空間上に存在した人物を指示する名詞句という解釈が優先される。それに対して、4.1.4で挙げた(13)は（以下に再掲）、述部は特定の時空間上で生じた出来事であるが、その主題名詞句は文脈指示的だと解釈できるのである。

(13)　「だれがハウスユースとして泊まっていましたか」「客室支配人の田島さんです。我々の上司ですが、凄いやり手で上層部の信頼も厚い人です」「客室支配人といえば（? といったら／ ?? というと）、たしか私たちが異変を連絡したとき、二千五百十五号室へ駆けつけたホテル側スタッフの中にいたように記憶しておりますが」
　　　　　　　　　　　　　　　　　　（BCCWJ：森村誠一「異型の街角」）

　引用形式を用いた提題文の主題名詞句は指示的であったとしても現場指示的には用いられず、基本的には所与の表現を提示することで「実物表示」として指示する広義の文脈指示的だということであった。このことはつまり、「といえば、といったら、というと」を用いた提題文とは「言う」の変容や「と」と「いう」の緊密性の変化等、典型的な引用構文との異なりは見られるものの、まだ完全には言語記号を扱う表現という特徴は失っていないのだと考えられる。こうした名詞句の性質の違いが、引用形式を用いた提題文における事象や履歴属性に対する制限を生んでいると考えられるのである。
　では、属性を述べる表現が事象を述べる表現よりも制限が少なく見えるのはなぜだろうか。両者ともに、主題名詞句が文脈指示的である点は共通しているはずである。この点について、次のように考えられる。「といえば、といったら、というと」を用いた提題文の主題名詞句は主に談話内の既出の表現が提示されたものであるのだが、こうした言語記号が自ら特定の時空間上において何らかの行為を行うという状況は考えづらい。もしも言語記号が事

象に関与するとしたら、それは、その言語記号が表現されたことを表す引用構文やそれに類する表現だけであろう。このように、言語記号そのものが関与する事象というのは限られたものしか存在しない。それに対して、属性を述べる場合、その属性を述べる対象が言語記号であることは十分にあり得ることである。言語記号の意味や用いられ方等を述べる行為は、当該の言語記号の属性を述べることに他ならない。こうした理由により、この提題文の叙述の類型の制約が生じているのだと考えられるのである。

　以上、これまで、属性（カテゴリー属性、性質属性、習性属性、履歴属性）、そして、事象、指定の順で各提題文の容認度を確認してきた。ここに見られたのは、時空間的な限定の関与の差であった。つまり、叙述の内容にそうした限定の関与が強まるにつれ、提題標識である「といえば、といったら、というと」を用いた文の使用に制限が生じてくるのである。

5. おわりに

　以上本章では、「といえば、といったら、というと」が提題標識として用いられる提題文と叙述の類型との対応関係に関する考察を中心に議論を行ってきた。その結果、これらの提題文は事象を述べる表現には用いられにくいことが明らかになった。このことは、ある特定の表現とある特定の叙述の類型とが対応関係にあることを示したことになり、先行研究における指摘の有効性を示すことにもつながる考察であったと言える。

　ここまで、第3章で提示した「といえば、といったら、というと」が用いられる諸表現について一通り考察を行ってきた。次章では、本書のこれまでの考察のまとめと、本書で扱ったテーマの今後の展望を述べることにする。

第6章

研究の今後の展開に向けて

　本章では、これまでの本書の考察をふりかえった後に、今後の研究の展開として考えられる方向性を数点挙げる。
　まずは、「といえば、といったら、というと」を用いた主題提示に対する類型論的、認知言語学的な観点からの考察という観点を提示する。具体的には〈主観的把握〉〈客観的把握〉〈好まれる言い回し〉といった観点から上記提題標識について述べる。
　次に、主に「といったら」に関わる評価的な意味についての考察という案を提示する。ここでは、叙述の類型研究における評価的意味の位置付けやその「評価を述べる」という目的と主題名詞句との関係について論じる。
　そして最後に、話題転換文の働きに関する更なる考察という案を提示する。「話題を転換する」とは、談話レベルでの働きであるとも言えるが、この他にも引用形式由来の形式が談話レベルで機能していることを述べる。

第6章 研究の今後の展開に向けて

1. はじめに

　本書ではここまで、引用の助詞「と」に動詞「言う」のレバ形式、タラ形式、ト形式が後接してできた「といえば、といったら、というと」という形式群が用いられる諸表現を対象に考察を行ってきた。この第6章では、本書のこれまでの考察の結果をふりかえり、その後、本書で取り扱ったテーマの今後の展開に向けて取り組むべき課題を提示したい。

　上記の点について述べる本章の構成は以下の通りである。まず2節では、本書でこれまで行ってきた考察の簡単な振り返りを行う。次に3節で、今後の展開に関する議論の1つ目として、類型論的・認知言語学的視点による考察を挙げる。具体的には提題標識「といえば、といったら、というと」の表す主題の捉え方の特徴を、主に無題文や助詞「は」を用いた提題文と比較をしながら考えたい。ここでは主に、池上（2000, 2004, 2005, 2006, 2008, 2009, 2011, 2012）に基づく〈主観的把握〉〈客観的把握〉〈好まれる言い回し〉といった概念を導入し、その概念によって本書で考察してきた諸提題標識がどのように特徴づけられるかを述べる。続いて、今後の展開に関する議論の2つ目として、4節では「評価」に関する問題を挙げる。この評価的意味については、本書でもこれまで「といったら」についての議論で触れてきたところであるが、この評価的意味の内実について、より詳しく考えてみたい。そして5節では今後の展開に関する議論の最後として、本書で話題転換文と呼んだ表現やそれに類する表現に関する研究の今後の展開について考える。6節は本章のまとめである。

2. 本書をふりかえって

　3節以降で今後の展開について述べる前に、この2節では本書がこれまでに行ってきた考察を簡単にふりかえることにしたい。

　まず第2章では、叙述の類型と呼ばれる概念に関わる研究史を紹介した。そして先行研究の考察から、特に本書の分析と直接関わるものとして、次の

ような知見が得られたのであった。

(ア)　叙述の類型には〈属性叙述〉〈事象叙述〉〈指定叙述〉が存在する。
(イ)　日本語は「主題−解説」構造を文の基本モデルとする言語である。その「主題−解説」構造とは、属性を叙述することを本来的な働きとする構造であるが、それが他の叙述(事象叙述)にも投影されることがある。それが日本語の主題卓越的性格を生んでいる。
(ウ)　叙述の類型と文の構造との間には一定の対応関係が見られる。属性叙述文は提題文、事象叙述文は無題文によって表現されるのが基本である(ただし、文脈等の要請によって変わり得る)。

　これらの知見は、本書の考察全般においても重要な役割を果たすことになった。
　第3章では、「といえば、といったら、というと」の3形式、あるいは、その中の一部の形式が用いられる文の用法を確認した。考察の結果、本書では3形式ともに用いられる文の用法として【引用構文】【連想文】【課題設定文】【提題文】【話題転換文】を、一部の形式にのみ見られる用法として【反復文】と【応答文】を提示することができた。この考察により、本書の第5章の考察対象である提題文をはじめ、その他の用法の指す範囲を明確にしたことになる。
　第4章では、第3章で提示した諸用法の背後にある関係性について考察を行った。考察の結果、【(評価・属性)引用構文】【連想文】【課題設定文】【提題文】の前件と後件の間には「主題−解説」構造に類する関係性が見出せること、【話題転換文】にはそうした関係性が見出せないことを指摘した。第2章において、「主題−解説」構造は日本語の文の基本モデルだとされていることが明らかになったが、第4章の考察の結果は、その基本モデルが単に提題文を作るだけに留まらず、他の表現の構成にも影響することを示唆していると言えるだろう。
　第5章では、「といえば、といったら、というと」を用いた提題文が表す叙述の類型を考察した。そこでは、この提題文は事象を述べるのは困難であ

ること、そしてそれは引用形式に由来する形式群であることと深く関わりがあることを指摘した。この考察により、特定の文と特定の叙述の類型との間に対応関係があることが確認できたことと思う。

本書のこれまでの考察の概要は以上の通りである。これを受けて次節以降では、今後の研究の更なる展開を考えた際に問題となり得る課題の中から数点取り上げてその展望を述べることにしたい。具体的には、類型論的・理論的課題、評価性に関する課題、そして、談話的・語用論的課題の3点について述べることにする。

3. 提題文をめぐる更なる課題

これ以降、3節から5節までは「といえば、といったら、というと」を用いた表現に関する研究の今後の展開にあたって考え得る課題を取り上げる。

その課題の1つの方向性として、これらの形式を用いた提題文と類型論的・理論的研究において言われる日本語の特徴との関係について考えるという課題が挙げられよう。本書でもこれまでこうした点への言及がまったくなかったというわけではないが、中心的な課題として扱ってきたとは言い難い。そこでこの3節では、無題文と「は」を用いた提題文の特徴の観察を行い、その観察結果を基に、上記の課題についての試論を述べることで今後の研究への足がかりとしたい。

3.1 コミュニケーションの前景と背景

それでは、考察に移ることにしよう。まず、無題文や「は」を用いた提題文と、「といえば、といったら、というと」を用いた提題文との比較を行い、そこに本書のこれまでの議論を加えることで、どういった課題が見えてくるのかを考えたい。

一般に主題を持たない典型的な事象叙述文は、話し手が自身の観点からの観察に基づいて述べる文であるので、その動作主に話し手自身である「私」が生起することは困難である。

3. 提題文をめぐる更なる課題

(1)　あっ！犯人が走って逃げた！！
(2)　*あっ！私が走って逃げた！！

　通常の状態であれば、話し手が自分の視界に入ることはないので、話し手自身を観察することは不可能だというわけである。よって、(2) が成り立つためには、撮影された動画を見る等、話し手が自分を客観視するための工夫が必要となる[1]。
　それに対して、「は」を用いた提題文の場合、そうした制約は見られない。つまり、話し手自身を客観視して主題に提示することも可能である。

(3)　私は、生活の乱れただらしのない人間です。

　では、以上を踏まえて「といえば、といったら、というと」を用いた提題文を見てみよう。

(4)　*私といえば(といったら／というと)、生活の乱れただらしのない人間です。

この例からも分かるように、発話現場に存在する「私」を主題名詞句として提示することは困難である。この理由は本書で既に述べてきた通りで、この引用形式由来の提題標識を用いて提示する主題は、指示的な場合、基本的に既出の言語表現を主題に提示する表現なのであった。
　さて、こうした本書の考察を踏まえたうえで更に深めていくにあたり、どういった展開が考え得るだろうか。本書では、今後のあり得る方向性の1つとして、類型論的、そして認知言語学的観点に基づく考察を挙げたい。詳しい考察は今後の課題として、ここでは試論的にこの点に関するアイデアを提示してみたい。
　上記のように、提題標識「といえば、といったら、というと」はその主題名詞句が指示的な場合、基本的に既出の言語表現やそれに関連する名詞句を生起させるのであった。では、この言語表現を観察しているのは誰かと考え

---

[1]　こうした人称についての議論は仁田 (1991) や本多 (2005, 2013) を参照のこと。

ると、当然ながら、当該の文の話し手であると考えられる。ということはつまり、「といえば、といったら、というと」によって提示される主題というのは、話し手が自身の観点から観察する言語表現だということになる。「は」で主題を提示する提題文を用いる場合、話し手が話し手自身の観点を離れ、自身を客観視して提示することも可能であったのに対し、この「といえば、といったら、というと」は自身の観点を離れることなく、常に話し手の観点から観察した言語表現を主題として提示する形式群なのだと言うことができるのである。

こうした現象の意味を考えるにあたって、浜田 (1999) の以下の指摘は重要な意味を持つだろう。

> 文章を読んでいるそのとき、じつは読んでいる自分自身のことは、どこかへ行ってしまっている。もちろん意識から消えてしまうわけではないのだが、少なくとも意識の前面には立たない。【中略】読んでいることばの世界の方が図(前景)に立ち、読んでいる自分の身体の状況のほうは地(背景)に沈む。映画館で映画を見るときなど、幕が開く前、まだ場内が明るいときには、劇場内のざわざわした雰囲気が私たちの身体をつつんで、それが図をなしているが、幕が開いて照明が落とされ、スクリーンで映像が動き出すとたちまち、私たちの身体をつつむ状況の側が地に沈んで、映画の展開が図になっていく。小説などを読むときもそれと同じである。

(浜田 (1999: 28–29))

これは主に文章を読む際に関しての指摘だが、会話にも当てはまる指摘だと考えられる。興味深いことに、この浜田 (1999) の指摘は、「といえば、といったら、というと」が見せる上記の現象が存在する理由を説明するように思えるのである。以下、この点について考えてみよう。

これらの形式を用いた提題文が主題に提示するのは主に、(「私」を含めた、発話現場に存在する事物ではなく) 既出の言語表現であった。その理由を浜田 (1999) に基づいて説明すれば、「といえば、といったら、というと」

を発話に用いる際、我々の身体の状況は意識の前面には立っておらず、観察の対象にあるのは話の内容だけになっていることになる。よって、発話の現場に存在する事物は視野に入っておらず、そのため (4) に代表されるような主題名詞句の制約が生じるのである。

このように、「といえば、といったら、というと」の使用は我々のコミュニケーションへの関わり方（コミュニケーションの場において、何を背景とし、何を前景とするか）と大きく関わっていることが分かる。では、以上の考察は日本語のどういった類型論的特徴を物語るのであろうか。この問題について本書では、池上 (2000, 2004, 2005, 2006, 2008, 2009, 2011, 2012) による認知言語学的知見を基に考えてみたい。

3.2 〈主観的把握〉と〈客観的把握〉、そして〈好まれる言い回し〉

3.1 では浜田 (1999) の指摘を基に、「といえば、といったら、というと」を用いた提題文を発する場合、我々は目の前のコミュニケーションにどう関わっていると考えられるかを述べた。それでは、これを日本語という言語の特徴から捉え直すと、何が言えるであろうか。本節では認知言語学の知見を頼りに、「といえば、といったら、というと」を用いる際の主題の把握の仕方に日本語のどういった特徴が見られるのか現段階でのアイデアを述べてみたい。

ここで参照したいのが、認知言語学の中で提示された〈主観的把握〉〈客観的把握〉、そして〈好まれる言い回し〉という概念である。そこで、「といえば、といったら、というと」について考える前にまずは、これらの概念について簡単に確認していこう。

池上 (2000, 2004, 2005, 2006, 2008, 2009, 2011, 2012) は認知言語学における「事態把握 (construal)」という概念を基に日本語の分析を行っている。そこで述べられているのは、日本語は、事態把握の中でも「主観的把握 (subjective construal)」を好む言語だということである。

事態把握の中にも好みがあるということは、言語によって事態把握の傾向に違いがあるということを前提としていることになる。まずはこの点につい

第6章 研究の今後の展開に向けて

て確認しておこう。この事態の把握の仕方に言語差があるという点については、次の指摘を参照されたい。

> 話者が事態把握に際していくつかの選択肢を有しており、そのうちのどれかを主体的に採るというのが普遍的なことであるとしても、ある特定の事態の把握に際して話者がどの選択肢を一番普通に採るかということになると、言語間で必ずしも一致するとは限らない。
>
> (池上 (2006: 20–21))

このように、事態の把握の仕方(どの把握の仕方を選択するのが無標であるか)は言語間で異なると述べられている。そして、日本語話者は、そうした把握の仕方の中でも主観的な把握の仕方をする傾向にあるとされているのである。この点については次のように述べられている。

> 日本語話者好みの〈事態把握〉のスタンスとして、認知言語学でいう〈主観的把握〉(subjective construal)を想定することができるのではないか
>
> (池上 (2006: 21))

そこで、上記の主張をより理解するために、まずは「事態把握」という概念から確認していこう。事態把握について、池上 (2008) に次のような説明がある。

> 認知言語学では、〈発話〉に先立つ〈認知〉の営みを〈事態把握〉(construal)と呼ぶ概念で捉える。〈話者〉がある〈事態〉を言語化しようとする際、話者はその〈事態〉に含まれる内容のすべてを言語化することはできないし、また、実際問題として、内容のすべてを言語化する必要もない。話者は問題の〈事態〉の中で自らとの関わりのある(つまり、自らにとって〈意味〉がある))と判断する部分だけを選択して言語化するだけで十分である。そして、その際の自らとかかわりがあるかどうかの判断は、話者自身の〈主体的〉な判断として行われる。次に、話者は〈事態〉のうち言語化の対象として選択した部分について、それをどういう視点で捉える

かを自らとの関わりに応じて判断し、〈主体的〉に選択する。

(池上 (2008: 372))

つまり、事態を(主体的に)切り取り、その事態をある特定の視点で捉えることが事態把握だとまとめられているということになる。そして、その選択される視点として「主観的把握」と「客観的把握」とが挙げられているのである。この両把握については池上 (2011) に簡潔にまとめられている。

〈主観的把握〉：話者は問題の事態の中に自らの身を置き、その事態の当事者として体験的に事態把握をする―実際には問題の事態の中に身を置いていない場合であっても、話者は自らがその事態に臨場する当事者であるかのように体験的に事態把握をする。

〈客観的把握〉：話者は問題の事態の外にあって、傍観者ないし観察者として客観的に事態把握をする―実際には問題の事態の中に身を置いている場合であっても、話者は（自分の分身をその事態の中に残したまま）自らはその事態から抜け出し、事態の外から、傍観者ないし観察者として客観的に（自己の分身を含む）事態を把握する[2]。

(池上 (2011: 52))

以上が、池上の一連の研究における「事態把握」ならびに「主観的把握」「客観的把握」の概要である。上記から分かることは、話者が自らの身体を

---

[2] この両把握は分断されたものではなく、典型的なものから非典型的なものまで連続的である。「主観的把握」の典型例については、次のような指摘がある。

〈いま〉という時点、〈ここ〉という地点に自らを位置づけた〈自己〉がその〈こころ〉と〈からだ〉を分離させることなく（つまり、〈自己同一性〉を保ったままの姿で）直接事象を体験し、その体験的な事態把握に基づいて言語化する――これが話者主体としての話し手の主観性 (Lyons (1982) の言う 'locutionary subjectivety') が言語的に顕現されるもっとも典型的な場合である。

(池上 (2004: 20))

問題となる事態の中に置いてその事態を捉える把握の仕方を日本語話者は好むと考えられているということである。

ただし、これだけでは、あくまでも事態の把握の仕方のみに言及しただけになってしまうのだが、この事態把握と言語による「好まれる言い回し」との間に密接な関係があると考えられていることは、以下の引用部から明らかである。

〈好まれる言い回し〉と呼びうるようなものの背後には、当然、そのような一連の言い回しを生成するもととなっているその言語の話者好みの〈事態把握〉の型が想定できるはずである[3]。

(池上 (2006: 21))

以上の指摘から考えると、日本語話者が主観的把握を好む傾向が言語表現にも現れているということになるだろう。これらを踏まえて、再度、「といえば、といったら、というと」を用いた提題文について考えてみたい。

3.3 試論:「といえば、といったら、というと」による主題の捉え方

この 3.3 では、これまでの本節の考察を踏まえて、「といえば、といったら、というと」を用いた主題提示には、日本語のどういった特徴が現れていると考えられるのかを試論的に述べてみたい。

「といえば、といったら、というと」は、その主題には常に話し手の視点から捉えた言語表現を提示するのであった。その際、話し手が観察しているのは、当該の会話・談話の内容であって、それを発する(あるいは受け取る)人物は背景に沈んでいる。これを先の〈事態把握〉という観点から捉えると、話し手は問題の事態(当該の会話・談話)の中に自らの身を置き、当事者としてその会話・談話等の内容を把握していると考えることができる。つまり、「といえば、といったら、というと」を用いた主題提示とは、その主題を(池

---

[3] これは、池上 (2006) に限った考え方ではなく、話者の選び出す表現はその話者による捉え方に動機づけられているとする認知言語学的な考え方に共通して見られるものと思われる。

上の言う)「主観的」に把握していることを表していると言える。

　既述のように、「は」を用いた提題文は、話し手である「私」を主題として提示することも(もちろん、しないことも)可能である。これはつまり、主題を〈主観的〉にも〈客観的〉にも把握することが可能ということで、「は」の場合は、そのどちらを選ぶかという問題となる。一方、「といえば、といったら、というと」は主題を〈主観的〉に捉えることに特化した形式であるということになる。

　仮に上記の試案が妥当なものだとした場合、こうした〈主観的〉な把握に特化した形式が存在するのは、日本語が主観的把握を好む言語であることを示す1つの現象だと考えられるし、客観的把握を好む言語であれば、この反対に客観的把握に特化した形式が存在しても不思議ではない。

　以上、本節では、本書のこれまでの考察と認知言語学の知見を頼りに、「といえば、といったら、というと」による主題提示の特徴として考え得るアイデアを述べた。ただし、これまでも述べてきたように、ここでの考察はあくまでも試論的なものであり、更なる詳しい考察や妥当性の検討は今後の課題となる。こうした観点から日本語に複数存在する広義主題標識を比較・考察した研究は管見の限りでは見当たらないため、今後の展開の1つとして、日本語学の成果と認知言語学の成果とが融合していくという方向性の研究の一例として提案した次第である[4]。

4. 評価的意味をめぐる課題

　続いて、今後の展開として考え得る方向性の1つとして、提題文の中でも「人物や事柄を主題として感慨をこめて提示し、それらに対する話し手の評価を述べるのに用いられる」(日本語記述文法研究会(編)(2009a: 241–242))とされる文について考えるべき問題の提示を行う。また、それらの問題の中の一部に対しては試案も述べていくことにしたい。

---

[4] ここでは池上の一連の議論に基づいて述べたが、この他「主観性・主体性」については、早瀬(2009, 2016)、本多(2011a, 2011b, 2016)、上原(2016)等も参照されたい。

第6章 研究の今後の展開に向けて

4.1 考え得る課題

　この 4.1 では、評価的意味について今後考えるべき課題を 3 点挙げることにする。この評価的意味が関わる現象については既に第 5 章でも先行研究の紹介の部分で触れた現象であるが、本章でも先行研究による指摘を再度挙げておこう。

> 「といえば」「というと」は、題目提示の複合辞としては、特別な意味の付加されていない、最も無色透明で代表的な表現である。最後の例(筆者注：「その花に群がる蜜蜂といったら大したものです。」という例のこと) の「といったら」は、感嘆・驚きなどの感情を誘発した事柄を題目化しているもので、それだけ話者の感情が強くこめられている。
> 　　　　　　　　　　　　　　　　　　　　　(森田・松木 (1989: 51))

> 「ったら」類(「ったら」「ってば」「ときたら」「といったら」)は、人物や事柄を主題として感慨をこめて提示し、それらに対する話し手の評価を述べるのに用いられる。
> 　評価は批判的なものや、マイナスの評価であることが多く、文には話し手の嘆きや憤慨、あきれの気持ちなどがこめられていることが多い。(中略)批判やマイナスの評価以外に、人物や事柄がもつすごさや程度のはなはだしさを述べるのに用いられることもある。
> 　　　　　　　　　　　　　　　(日本語記述文法研究会 (編) (2009a: 241-242))

　このように、「といったら」は他の 2 形式 (「といえば、というと」) には無い、評価的な意味を表すことがあるのであった。しかし、この評価的意味は存在の指摘はあるものの、それ以外の点については十分な考察がなされているとは言い難い。そこでまずは、この評価的意味に関わる課題を本書なりに整理しておきたい。

　今後の展開に向けて考えるべき課題として本書は以下の 3 点を挙げる。まず、上記評価的意味の叙述の類型への位置付けである。この問題に言及した研究はそれほど多くない。しかし、叙述の類型の研究を更に発展させてい

くにあたって重要な問題となり得るだろう。そこで本書では、4.2 で先行研究においてこうした問題がどう扱われてきたのかをまとめる。具体的には、この問題について、従来の叙述の類型研究がどう扱ってきたかを概観し、そこで属性の「共存」という考え方が提示されていることを見ることになる。

　本書の挙げる課題の 2 点目は、この評価的意味の段階性に関するものである。従来、この評価的意味は一律に扱われることが多かったが、評価的意味を表す「といったら」には「といえば、というと」との置き換えが比較的容易なものもあれば、非常に困難なものも存在する。また、述部が具体性を失うとともに、「といえば、というと」との置き換えもより困難になっていくという現象も見られる。こうした問題に対して本書では 4.2 において、評価的意味の強弱として捉える案を提示したい。また、そのことと関連して、評価的意味の強弱が主題名詞句の性質とも関係してくることも指摘する。

　そして、この評価的意味をめぐって考えるべき課題の最後として、この評価的意味の発生理由を挙げる。これは、一見、評価とは何の関係もなさそうな形式が評価的意味を帯び得るというより大きな問題ともつながる現象である。現段階でこうした大きな問題すべてについて考えることは困難であるが、今後の研究の展開のためにまずは 4.2 で「といったら」の評価的意味について試論的に考えてみたい。

　以上、「といったら」の評価的意味をめぐって今後考えていくべき課題を大きく 3 つ提示した。次の 4.2 では、これらの課題について述べた先行研究の整理、ならびに、現段階での本書なりの試案の提示を行う。

4.2　試案の提示

　それでは、実際に議論を行っていこう。この評価的意味を表す用法は、第 5 章で先行研究を概観した時に確認したように、「といえば、といったら、というと」の中では主に「といったら」を用いた文に見られる用法とされている。具体例を見てみよう。

(5)　　ミューにとって幸福だったことは、それほどに裕福な家庭でもなかっ

第 6 章 研究の今後の展開に向けて

たのに、生まれた家は大の猫好きであったことである。中でも小学校四年になるという少女は猫の化身ではないのか？と思われるほどで猫の可愛がりようといったら (?? といえば／? というと) そりゃあもう大層なものだった。一時でも猫を自分の腕に抱いていないと心配で何事も手につかない——という気性だった。

（BCCWJ：鈴木史朗「ボケ（痴呆）は予防できる」）

　上記の例が、特に「といったら」に見られるとされる評価的意味を表すものである[5]。先行研究の指摘にもあるように、このタイプの表現において「といえば、というと」を用いると、容認度が下がるのである[6]。

　この現象についてまずは、4.1 で挙げた課題の 1 点目である評価的意味を述べる文が叙述の類型研究においてどう位置付けられてきたのかという問題を見ていこう。この問題については主に先行研究の整理を行うに留めたい。

　この評価的意味と叙述の類型との関係に言及した研究には、益岡（2012）がある。そこでは評価的意味は「評価属性（仮称）」と呼ばれ[7]、「対象に対する話し手の主体的・主観的な評価を表す」（益岡（2012: 103））と述べられている。そして、この評価属性の叙述の類型への位置付けとして興味深いのは、次の指摘である。

　　評価属性は既述のカテゴリー属性などと横並びの関係にあるものではな

5　なお、「といったら」とは違い「ときたら」はこれに加え、事象を述べることで間接的に評価的意味を述べることもある。この点は同時に、「といったら」と「ときたら」とで表現できる叙述の類型（そして、それと関連して、主題名詞句の指示対象）に違いがあることも示している。従来、「といったら」と「ときたら」は、その類似性に注目が集まりがちであったためか、こうした差異の面についてはあまり言及されてこなかった。

6　「といえば、というと」であっても、「は」を伴う「はといえば、はというと」という形式であれば容認度は上がる。
　(5′) (少女の) 猫の可愛がりよう (はといえば／はというと) そりゃあもう大層なものだった。

7　ただし、益岡（2012）の主な考察対象は「ときたら」である点に注意されたい。既述のように、本書は「といったら」と「ときたら」の大きな違いの 1 つには、評価の対象となる叙述の差異があると考える。これについては、補説において述べる。

4. 評価的意味をめぐる課題

く、それらと共存する関係にある。

(益岡 (2012: 104))

　この「共存する」というのは、本書でこれまでに見てきた叙述の類型研究には見られなかった考え方である。そこで、この意味するところを考えておきたい。例えば(5)であれば、「猫の可愛がりよう」に対して評価が付与されているのであったが、それに加えて、「猫の可愛がりようが大層なものであること」というのは、「可愛がりよう」の一種の性質でもあると捉えられる。つまり上記の「共存」とは、対象の性質と話し手の評価とが存在することを意味しているのだと考えられるのである。

　これまでの研究において、この位置付けに関する考察は、必ずしも多かったとは言えないだろう。本書でも現段階において明確な主張があるわけではない。しかしこの問題は、従来、主に命題的側面に注目して行われてきた叙述の類型研究が次の段階へと進む必要性を示唆しているようにも思える。つまり、この「評価属性」のような「主体的・主観的」な意味をどう位置付けるか、こうした問題も今後考えていかなければなるまい。

　次に、4.1 で挙げた課題の 2 点目である、評価的意味の段階性について述べていきたい。前述したように、本書ではこの評価的意味には段階性があると考える。例えば、以下の例は、段階的に「といえば、というと」との置き換えがより困難になっていくように思われる。

(6)　「なにがいいたいんです？」「だからあ」遥香はいまにも足踏みをはじめそうだ。「密室じゃありませんか」「なんですって」淵野辺が寒さを忘れたように、ポカンとした。「密室といったら (といえば／というと)、本格ミステリー最高の謎ですよォ」

(BCCWJ：辻真先「風雪殺人警報」)

(7)　アルバイトの配達員も増員傾向にありますよ。ちなみにヤマトのメール便はもちろんバイトが配達してますが、この誤配ぶりといったら (?? といえば／*というと) 並じゃないです (笑)。

(BCCWJ：Yahoo! 知恵袋)

第6章 研究の今後の展開に向けて

(8)　昨日屋根に積もっていた雪が、夜中に屋根のひさしから「ドサ！ドカン！」と、大音を立てて落ちてきた音です。半分凍ってるので、その音の大きいことといったら（*といえば／*というと）ないです。
　　　　　　　　　　　　　　　　　　　　（BCCWJ：Yahoo!ブログ）

(9)　今日も患者さんたちからお話をうかがってきました。今日お会いした方の楽しかったことといったら（*といえば／*というと）…。
　　　　（BCCWJ：西出真由美「がんばって！っていわないで。」）

　特に(8)(9)の述部のように具体的な評価の内容が述べられなくなると、「といえば、というと」との置き換えは完全に不可能だと言って良いだろう[8]。

　また、面白いことに、他の2形式との置き換えが困難な場合、その主題名詞句に談話に既出の表現とは言えないものが見られるようになるのである。例えば、次のような例の「といったら」を用いた文は、既出の表現について述べたものとは言えないだろう。

(10)　まあ、ここの空気の甘い事。ここでなら息が出来る。あの席におる客といったらない[9]。
　　　　（BCCWJ：オスカー・ワイルド（著）、森鷗外（訳）「新・ちくま文学の森」）

　これは、「といったら」を用いて評価を述べる行為は、「所与の表現について何か（属性）を述べる」という行為から遠ざかっていることを意味しているのだと考えられる。よって、そうした「評価する」という目的がより強い表現になると、例えば次の(11)のように、発話現場にいる目の前の人物のような完全に言語表現とは言えない対象を主題に提示することもできるようになる。そしてその場合、引用であることを意味する「という」が形式上落ち

8　「といったらない（なかった）」「といったらもう」のような形式は、評価を述べる固定的な表現と言っても良いだろう。

9　しかし、こうした表現であっても、事象を述べる表現にまでは拡張しきれていない。
　(10')*あの席におる客といったら、突然笑い出しおった。(cf. あの席におる客ときたら、突然笑い出しおった。)

て、「たら」だけが残るようになるのである。

(11)　あなたったら、何も分かってないのね。

　ここでは評価を段階的に捉えるという案や所与の表現に対する属性等の付与から発話現場の事物に対する属性等の付与を連続的に捉えるという案を試論的に述べた。この案の妥当性の検討も今後行っていく必要があるだろう。
　続いて、4.1で提示した課題の3点目である、3形式の中で「といったら」にのみ、評価的な用法が生じる理由についても試論的に述べてみたい。
　これについて本書では、タラ形式の持つ「意外性」(蓮沼(1993)、前田(2009))が大きく関わっていると考える。条件構文の研究において、タラ形式には、話し手が事態を意外性をもって認識することを意味する用法が存在することが指摘されている。そして、本書で扱う話し手の評価を表すとされる用法も、主題名詞句と述部とのつながりを「意外である」という気持ちで認識することから生じているものと考えられるのである[10]。「意外である」ということは、本来そのつながりを想定していなかったわけであるから、その想定外であるということから、評価的な意味が生じるのであろう。
　以上、本節では主に「といったら」を用いた提題文を中心にその評価的意味について述べてきた。まず、叙述の類型に関する先行研究において「共存」という考えが提示されていることを確認した。叙述の類型研究において、こうした観点の議論はまだ十分には行われていない。この「共存」の検討も含め、これから考えていかねばなるまい。次に、評価的な意味を段階性のあるものとして捉えるという本書の案を提示した。今後は、こうした評価の段階的な捉え方についての検討も必要となるだろう。その際、「といえば、というと」と置き換えが容易な場合と困難な場合がある点をどう捉えるかが重要になってくると考えられる。そして最後に、「といったら」が評価的意味を帯びる理由についても試論的に述べた。こうした評価的意味を持つ語句が含まれない形式が評価的意味を示す現象は「といったら」だけに限ら

10　タラ形式の意味に起因するからこそ、「といったら」だけではなく、同じくタラ形式を構成要素として含む「ときたら」にも評価的意味が生じるのだと考えられる。

第 6 章　研究の今後の展開に向けて

い。中にはタラ形式を含まないようなものも存在する[11]。こうした、形式上は直接的に評価を意味する要素が含まれない表現が評価的意味を帯びるようになる現象についても、その発生のメカニズム等について考えていく必要があるだろう。

5.　その他の課題：談話・語用論的展開

　今後の展開として考え得る問題の最後として、第3章において「話題転換文」と呼んだ表現等をめぐっての更なる考察が挙げられる。これは、談話の展開のあり方に関する考察というより大きな問題の一部として位置付けることができよう。以下、この点に関する現象を挙げておきたい。
　話題転換文の具体例には次のようなものがあった。

(12)　「あたし九ヶ月しちゃおう」というのをはやらせようと思って、ゼミの女子学生に電車の中の会話で頻繁に使えといったんですが、どうもうまくいかなかった。九といえば、このあいだどっかの中学校の校庭に机を積んで9をこしらえた事件、あれは捕まったのね。　うんうん、あれは近頃の出来事としては面白かったよ。
（BCCWJ：筒井康隆「突然変異幻語対談」）

　この用法は、他の用法(引用構文、連想文、課題設定文、提題文)と比べると、文の構成というレベルを越えて、談話の構成に関わる面が非常に大きい用法だと考えられる。
　これと同様のことが、「というと」の用法として指摘した「応答文」にも当てはまるだろう。応答文の例としては、以下のようなものが挙げられるのであった。

(13)　「東京カウンセリングセンターのほうに呼び出しがかかってな。捜査一課から、俺が派遣された」「というと、昼間の輸送機の件ですか」

11　例えば「そんな＋名詞句」が例として挙げられる。(ex. そんな話、誰が信じるの？)

5. その他の課題：談話・語用論的展開

「そうだ。それも、事態は航空局関連じゃなく、俺たち警視庁の手に委ねられる様相を呈してきてる」

（BCCWJ：松岡圭祐「千里眼洗脳試験」）

　こうした引用形式由来の形式の談話レベルでの働きについてより詳しく考察していく必要があるだろう。(12)(13)からも分かるように、上記の用法の場合、発話の冒頭でいきなり使われることはなく、相手の発話を受けて用いられる。つまり、相手の発話から談話をどう展開させていくかという問題に関わる議論となっていくだろう。

　話題転換文にせよ、応答文にせよ、引用構文をはじめとする、様々な用法が共時的に存在している。そこで、そうした用法から類推して、上記の談話的な働きの本質に迫ることも十分に可能だと考えられる。

　そして、談話レベルでの働きという点に焦点を当てると、次のような形式も考察の対象に入ってくることになる。

(14)　「ベルゴ・セブンティーンとゴルゴ十三とは音が似ている。そしてもうひとつ似ている音は子連れ女と子連れ狼。ゴルゴ十三は殺し屋、子連れ狼拝一刀は刺客…。となるとベルゴ・セブンティーンは刺客にして殺し屋か」

（BCCWJ：井上ひさし「吉里吉里人」）

(15)　大日本帝国陸軍憲兵の制服は、襟章だけが違っているが、あとはみな兵科を問わず同じものだった。とすると、この上海は、おれが出発した日本と同じ次元世界に属している都会ではない。

（BCCWJ：矢野徹、髙橋敏也「多元宇宙バトル・フィールド」）

これらの形式も助詞「と」に「なる」「する」といった動詞が後接してできたものであり、談話の展開に関わっていると言える。このように、引用と関わりのある形式が談話の構成に関わることは少なくないのである。こうした談話の展開に関わる現象の発生についての考察も今後必要となってくると思

第6章 研究の今後の展開に向けて

われる[12]。

6. おわりに

　本章では、本書の前章までの考察を振り返った後、今後の研究の展開として考えられる方向性を幾つか挙げた。本書には、こうした本研究の今後の展開に関わる課題の他に、本書の内容をより深めるための課題も残されている。そこで最後にこうした課題を提示して本章を終えることにしたい。

　まず、本文中でも何度か触れたが、今後行うべきこととして、量的な研究が挙げられるだろう。量的な観点からの分析を行うことで、本書が提示した各用法の定着度や形式間の拡張の度合いの違い等が明らかになることが期待される。

　また、本書では、「といえば、といったら、というと」の引用構文研究との関係や、叙述の類型研究との関係については意識したが、条件構文の研究との関係については、それほど考慮することができなかった。言うまでもないことだが、本書が考察対象とした形式群は全て、条件構文においても用いられるものである。よって、こうした観点を取り込むことで、各用法の拡がりについて新たな知見が得られるとも考えられる。

　この他にも、他の提題標識との比較や「主題-解説」構造に基づく表現の更なる提示等、残された課題は決して少なくない。こうした課題に取り組んでいくことが、本書の内容をより深めていくことへとつながるものと考えられる。全ては今後の課題としたい。

12　こうした現象については江田（1991, 1992）や藤田（2006, 2016）も参照されたい。

補説

「ときたら」を用いた文の諸相
― 提題文を中心に ―

　ここでは、「ときたら」という形式が用いられる文、その中でも特に提題標識として用いられる文を対象に考察を行う。
　まず、この「ときたら」を用いた文には、【行為の接近】【認識の接近】そして【主題の提示（提題文）】の3用法が存在することを確認し、主たる考察対象である提題文の指す範囲を明確にする。その後、その提題文に見られる評価的意味が事実的な事柄に基づいて述べられることを確認し、最後に、主題名詞句の性質を話し手の知識状態や「といえば、といったら、というと」との違いに着目しながら考察する。

補説 「ときたら」を用いた文の諸相

1. はじめに

　本補説では、引用の助詞「と」に動詞「来る」のタラ形式が後接してできた「ときたら」という形式について、特に提題標識としての用法を中心に考察を行う。この「ときたら」は先行研究は存在するものの、本書でこれまで見てきた「と」と「いう」によって構成される諸形式以上に、考察が進んでいるとは言い難い。その一因としては、引用を表す助詞「と」が用いられていながら、その後ろには基本的には発話ではなく移動を表すはずの「来る」という動詞が用いられていることから、引用表現としては典型的ではないということがあるのではないかと考えられる。

　この「ときたら」という形式は、以下のように所与の発話を提示する使われ方をすることがある。

(1)　あけましておはようございます。ときたらなんて返事したらいいですか？

（BCCWJ：Yahoo! 知恵袋）

　ところが、用例を観察すると、この「ときたら」は(1)のような引用構文だけではなく、それとは異なるタイプの文においても用いられることが分かる。例えば、以下の例を参照されたい。これは、所与の言葉を提示する引用構文とは異なるタイプの表現だと言って良いだろう。

(2)　「セアラ、セアラったら！ここを散らかしっぱなしにしておかないでちょうだい。毛皮のショールや手袋や。グラスも、そんなところに置いておくと割れてしまうわ」「わかったわ。そんなにうるさくいわなくてもいいのに」「誰かがうるさくいわなくっちゃ。あなたときたら、何でも出しっぱなしなんだから。」

（BCCWJ：アガサ・クリスティー（著）、中村妙子（訳）「娘は娘」）

(3)　しんじていても、きっとうらぎる。やさしいふりをしていても、心ははら黒い。話すことときたら、うそばかりだ。

(BCCWJ：村山早紀「シェーラひめのぼうけん　海の王冠」)

　こうした用法は、先行研究で広義提題文の一種として扱われてきたものである（森田・松木（1989）、藤田（2000）、日本語記述文法研究会（編）（2009a）、岩男（2009, 2014）、益岡（2012））。そして従来の研究で「ときたら」に注目が集まる場合、それはこのような提題標識としての「ときたら」が考察の中心になっていたと言って良い。こうした考察を受けてこの補説では、(2) や (3) のような「ときたら」が名詞句を提示する提題文を中心に考察を行ってみたいのである。

　本補説の構成は以下の通りである。次の2節では、「ときたら」という形式が用いられる文にはどういった種類があるのかを観察したい。提題標識の「ときたら」について考察を行うには、まず「ときたら」という形式が用いられる文には、提題文も含めてどういった種類のものが存在し、他の用法と提題文とはどう異なるのかを知る必要があるだろう。続いて3節では、提題標識としての「ときたら」が先行研究においてどのように扱われてきたのかを確認する。これを受けて4節で「ときたら」を用いた提題文が表す評価的な意味について考察を行う。これまでに本書でも（主に「といったら」について）見てきた評価的な意味がこの「ときたら」を用いた提題文にも見られる。その意味について多少詳しく考えてみたい。そして、5節ではこの提題文の主題名詞句について考える。6節は本補説のまとめである。

2.　「ときたら」を用いた文の用法

　この2節では、「ときたら」という形式が用いられる文にはどういったタイプのものが存在するのかを観察していく。これは本補説が主な考察対象とする提題標識としての用法の指す範囲を明確にするためにも必要な作業である。

　本節では「ときたら」が用いられる文には、「行為の接近」「認識の接近」「主題の提示」という大きく3つのタイプが存在することを指摘する。なお、本補説の用法の分類は、「ときたら」の「くる」が動作主をとることが

できるか、そして（「きたら」が「くる（きた）」という形に活用して）主節の述部で用いることができるか否かという 2 点に注目して行うことにする。これはいずれも、各用法における「来る」に動詞本来の性質が見られるか否かを確認するための作業である。

2.1 行為の接近

それでは、「ときたら」が用いられる文の観察を始めよう。最初に、本書が「行為の接近」を表すと考える「ときたら」の観察から始める。具体例としてまずは、次のように引用構文が条件構文の前件に生起し、その前件の述部に「来る」がタラ形式で用いられるものが挙げられる。

(4) ―ある詐欺の対策について―
今後「NS インターナショナル…」と来たら、その瞬間に「二次勧誘お断りだ！（ガチャン！）」と言う態度をとりましょう。
（http://beyond.2log.net/akutoku/bbs/qa/pslg147088.html）

(5) ―マーチングの楽しみ方について―
バンド紹介がある前から拍手と声援。指笛が鳴る人は鳴らしてみましょう。バンド紹介が「○○バンドです！ではどうぞ！」と来たら盛大に拍手。
（http://www.takasakimarching.com/etc/enjoy.html）

本補説冒頭の (1) もこの行為の接近の例にあたる。この「ときたら」は「来る」本来の「動作主が空間的に話者に接近した」という意味から「相手の発話が話者に接近した／向けられた」という意味へと変化していると捉えられる。

また、この行為の接近の場合、「ときたら」が引用以外の場面に用いられることもある。

(6) 久保は、後手が△7四歩ときたらどうするか。それを常に警戒しながら駒組みを進めている。

2.「ときたら」を用いた文の用法

(http://www.asahi.com/shougi/open23/honsen_06/02.html)

(4)(5)は前件で発話が向けられたことを表していたが、(6)はそれが発話以外の行為にまで拡張したものと考えられる。具体的には、「後手」による「7四歩」という行為が「久保」に向けられたことを表していると言えよう。

これらの「ときたら」は「来る」本来の空間的接近の意味をほぼ保持していると言って良いだろう。文全体では、前件で空間的に接近した行為を述べ、それに対応する行為を後件で述べている。こうした対応関係のような意味合いは、条件構文に見られる「前件を合図として、その合図を契機に後件が発生するという意味」(前田 (2009: 95)) に関わるものと考えられる。

それでは、この行為の接近を表すタイプの「来る」の文法的な性質について少し考えていこう。動作主について見ていくと、(4)には動作主を生起させることが可能であることは、以下の(4′)から分かるし、(5)については最初から「来る」の動作主(「バンド紹介」)が明記されている。

(4′)　今後その人が「NSインターナショナル…」と来たら、その瞬間に「二次勧誘お断りだ！」と言う態度をとりましょう[1]。

そしてこの用法の「ときたら」における「くる」は「くる(きた)」という形に活用し、文末で使用されることもある。

(7)　「島には何もかもあるじゃないの。一体何が不満なの？」とつい声を大にすると、「友だちが一人もいないんだもん」ときた。「友だちならいくらでも呼びなさいよ。寝室は六つもあるんだから、好きなだけ呼びなさい！」

(BCCWJ：森瑤子「マイ・ファミリー」)

(8)　私の6六歩に3五歩ときた。

---

[1] この場合、厳密には「接近」しているのは動作主ではなく、動作主を含む行為全体とも考え得るため、「来る」の動作主を「その人」や「バンド紹介」と捉える点については再度考察する必要がある。しかし本書では、「動作主」の生起について他の用法との違いがあることを確認するに留めたい。

補説　「ときたら」を用いた文の諸相

（http://www.geocities.co.jp/Playtown-Domino/7448/kifu30.html）

　これらの事実は、この用法における「ときたら」が「くる」が表す動作を行う人物自身の空間的な移動は表さないものの、「行為の接近」とでも呼ぶべき事象を描くという動詞らしさは保持していることを示していると考えられる。

　以上が、本書が行為の接近を述べていると捉える表現の概要である。この場合の「ときたら」は、特定の動作主が空間的に接近するという意味ではなくなっているものの、動作主の生起や（「くる（きた）」と活用して）述部で使用することが可能である点においては一般的な「来る」と同様の性質を見せることを確認した。2.2 以降で見ていく用法は、ここで確認した「来る」の性質とは意味的・文法的に異なる点が幾つか見られることになる。

2.2　認識の接近

　次に、本書が「認識の接近」と呼ぶ用法を観察していく。まずは具体例を観察し、その後、この用法における「ときたら」の性質について考察していこう。

　それでは、具体例を観察しよう。以下を参照されたい。

(9)　—プロ野球チームの選手の画像について—
　　　なぜ清原がいないのかってなー、確認とったほうがいいよねー。ねー、なんでいないのーと。4番打者がなぜいない。普通、高橋、松井ときたら、次は清原だろー。
　　　　　　（現代日本語研究会（編）『男性のことば・職場編』ひつじ書房）
(10)　特に 24 巻は私が一番好きなファイリー編でしかも表紙にイエローが載っている！ときたらもう買うしかありません！！
　　　　　　（http://netkun.com/pockemon/qa/comment/comment24.html）

　上記の例は、「ときたら」の前接部に複数の要素を並べ、それを受けて話者が連想する事物を述部で述べる用法のものである。これは「ときたら」の

154

前接部において、主に話し手の認識・思考がある特定の時点により接近していることを意味すると考えられる。いわば、空間的な意味が時間的・認識的な意味へと拡張したものと捉えられる。例えば、(9)を例に挙げると、「高橋」「松井」の順に認識が発話時へと接近しているのである[2]。

(9)や(10)では主題(「次は」「24巻は」)が言語化されているが、当該の文中では明記されない場合もある。

(11)　―本をグルメ、ワイン、京都に例えて紹介した後に―
　　　美食、ワイン、京都ときたら、恋とこなくてはならない。
　　　　　　　(http://book.asahi.com/special/TKY200810270333.html)
(12)　立嶋：「和菓子ってムズカシイとかメンドウクサイとかマイナスイメージがありますよね。そういうのよくないっすよ」
　　　加納：「そうそう。立嶋も熱くなってきたねぇ。洗い物してて一番よく分かるんだけど、油物がほとんどないじゃない。だから、健康的！ヘルシー！なにより片づけが楽！それでおいしいときたら、もう作るしかない」
　　　　　　　(http://www.asahi.com/food/cooking/TKY200905290110.html)

しかし、いずれにしても何らかの主題が想定されていることに違いはない。(11)は「美食、ワイン、京都」の「次にくるもの」に該当するのは「恋」であるという話者の考えを表しており、(12)の述部「作るしかない」は「和菓子」に対する話し手の評価を表していると言える。このように、この認識の接近を述べる表現は、「ときたら」に前接する語句以外に主題を有する表

2　厳密には、この用法には2つのタイプが存在する。(9)のようなタイプは「ときたら」の前接部を受け、「次(に連想するの)は」という主題に当てはまるもの(「清原」)を「ときたら」の後件で提示するものである。一方、(10)のようなタイプは、ある主題(ここでは「24巻」)に対して、「ときたら」の前に複数の属性を並べ、そこから話者が導き出す評価・属性(「もう買うしかない」)を「ときたら」の後で述べるものである。こうしたタイプの違いは「ときたら」の働きの違いではなく、文全体の叙述の類型(〈指定叙述(9)〉〈属性叙述(10)〉)の違いに対応しているものと考えられる。「ときたら」の前接部は最終的に話者が判断する属性や指示対象に至るまでの認識・思考の経緯を提示していると言える。

補説 「ときたら」を用いた文の諸相

現（換言すれば、「ときたら」に前接する語句は、当該の文の主題ではない）だとまとめることができるだろう。こうした、「ときたら」に前接する語句に対する評価や属性、あるいはその語句の指示対象の動作等を述べているわけではないという点は、次に見る提題文とは異なる部分である。

続いて、この用法における「くる」の文法的性質の観察を行う。まず、動作主は先の行為の接近を表していた用法とは異なり、生起できない。

(9′)　*私が高橋、松井ときたら、次は清原だろー。
(10′)　*あなたが、ファイリー編でしかも表紙にイエローが載っている！ときたらもう買うしかありません！！[3]

これは、認識の接近における「ときたら」が行為の接近を表していたそれとは異なり、特定の動作主による具体的な行為を表さなくなっていることを意味する。

しかし、「ときた」という形で述部で使用することは可能なのである。

(13)　いやまったく、今日という日は、お客はさっぱり、芝居はからっきし、おまけに停電ときたね。

（藤田（2000: 449））

(14)　俺にしては珍しく、合コンへと持ち込んだパターン。ちゃんと、同業者のブランド君を連れて行きましたよ。なのに…幹事の女、デブでおまけにエラ張り顔（涙）。それだけならまだしも、なんかメチャクチャ態度が悪いときた。飲み屋でソウル系の音楽がかかるとさ、人が話しかけてんのに中断してリズムを取り出すんだぜ？

（BCCWJ：実著者不明「潜入30連発」）

後述するように、提題文における「ときたら」は「くる（きた）」と活用して述部で用いることすらできない（そして、「くる」が動作主をとることもできない）。このことから、この認識の接近における「ときたら」は典型的

3　他者の行為に対して何かを返すという用法の解釈（何らかの行為が向けられたという解釈）なら容認度が上がるが、それは「行為の接近」としての解釈である。

な動詞としての働きという観点から見た場合、行為の接近を述べる「ときたら」と提題標識としての「ときたら」の中間に位置づけられるとまとめることができるだろう。

　また、この用法は「ときたら」の前接部を受けて話者が連想するものを「ときたら」の後で述べるのだが、ここにも先に触れた、条件構文における前件を合図にするといった意味が関わっているのであろう。

　以上、ここまで、本書が認識の接近を表すと捉える表現の観察を行ってきた。最初に、この用法は空間上の動作を述べているのではなく、認識的な行為を述べていることを確認した後、この場合の「ときたら」が行為の接近を述べていた「ときたら」とは異なり、「くる」が動作主をとることができなくなっていることを確認した。また、この場合の「ときたら」に前接する語句は、述部に対する主題として機能するものではないという点を（次に見る提題文のそれと区別するために）指摘した。

　以上を受けて次に、ここまでに観察してきた2つの用法とは異なるものとして、提題標識として用いられる「ときたら」の観察に移ろう。

2.3　主題の提示

　本書が扱う用法の3つめとして、「ときたら」が提題標識として用いられる文の観察を行う。ここでも、まずは使用例の観察から始めて、その次に「ときたら」の性質について考察していきたい。

　例には次のようなものがある。

(15)　先日、ふとした機会に、小鳥がなぜ朝になるとピーチクパーチク鳴くのかを聞いて目からウロコが落ちた。太陽が昇ってくる波動を木が感じ、一斉に酸素を噴出し始める。鳥はそれに感謝して「ありがとう」と鳴いているそうだ。なのに人間の私ときたら地球に「ありがとう」なんて考えたこともなかった。食べ物や水などはあって当たり前。改めて感謝したこともなかった。

（日経MJ　2001.8.25）

補説 「ときたら」を用いた文の諸相

(16) 綺麗な女装であったなら、私は何も申しません。ですが、その塚本君<u>ときたら</u>、ただベタベタと白粉を塗りたくって、紅の差し方も知らず、髭も剃らず、あれでは元の美顔がだいなしだ。見るにたえない。
(歌野晶午『死体を買う男』講談社)

　これまでに見てきた行為の接近や認識の接近を述べていた用法とは異なり、この用法の述部は「ときたら」に前接する語句について言及したものである点に注意されたい。つまり、(15) の「『ありがとう』なんて考えたことがない」や (16) の「元の美顔がだいなしだ」「見るにたえない」というのは、それぞれ「ときたら」の前接部である「私」や「塚本君」のことを述べたものである。森田・松木 (1989)、日本語記述文法研究会 (編) (2009a)、益岡 (2012) 等といった先行研究において「ときたら」という形式が注目される場合、提題標識として扱われることが主であるのだが、それはこうした特徴を踏まえてのことだと推察される。本書もこれらの先行研究に倣い、この用法を提題文として扱うことにする。
　この提題標識としての「ときたら」の「くる」の観察に移ろう。この場合、動作主をとることはできない。

(15′) *(私が／あなたが／彼が) 人間の私<u>ときたら</u>地球に「ありがとう」なんて考えたこともなかった。

　また、「くる (きた)」と活用して述部で用いることも不可能である。動作主の生起と述部の使用のどちらも不可能である点はこれまでに見てきた用法と異なる点である。

(16′) *綺麗な女装であったなら、私は何も申しません。ですが、その塚本君<u>ときた</u>。

　ただしこの用法の場合、他の用法とは異なり、「ときたら」という形のままで発話終結部に用いられることがある。

(16″) 綺麗な女装であったなら、私は何も申しません。ですが、その塚本君

ときたら…。

　こうした「ときたら」で終結する発話は次のように容易に見つけることができる。

(17)　テストで最高点をとったので、みんなから、「やっぱりロッテね、いちじはどうなるかとおもったけど。」と安心されました。「それにひきかえアンニーときたら。」「かわいそうね、またお父さん、よびだしね。」
　　　（BCCWJ：エーリヒ・ケストナー(著)、里美有紀(訳)「わたしとわたし」）
(18)　難しいことはわかりませんが、素人目で見て「屋敷みたいだなぁ〜」と思ったのも説明を見て納得。しかも、この屋根のラインの美しさときたら…。
　　　　　　　　　　　　　　　　　　　　　　　（BCCWJ：Yahoo! ブログ）

　また、本書でもたびたび触れてきたように、従来この表現は提題標識であることに加えて、評価的な意味を表す点も指摘されている（森田・松木(1989)、藤田(2000)、日本語記述文法研究会（編）(2009a)、岩男(2009, 2014)、益岡(2012)）。この点については更に後述する。
　このように、提題標識としての「ときたら」は、動作主をとらない点は認識の接近を述べるものと共通しているが、述部での使用においては他の用法にはない特徴を見せるのである。特に「くる(きた)」という形には活用できずに、「ときたら」という形式であれば文末での使用も可能である点は、提題標識の「ときたら」が他の用法のそれと比べ、より「ときたら」という形式で固定されていることを示していると言うことができるだろう。
　以上、本節では主に「ときたら」の統語的な特徴をもとに「ときたら」を用いた文の3つの用法を提示した。次節以降では、この分類に基づき、主に提題標識としての「ときたら」について考察を行う。

補説　「ときたら」を用いた文の諸相

3.　先行研究概観

　前の 2 節では、「ときたら」という形式が用いられる文の用法を大きく 3 つに分類した。この 3 節では、それら用法の中でも提題標識として「ときたら」が用いられる文（以下、こうした文を便宜的に"「ときたら」構文"と呼ぶことにしたい）に焦点を当てて考察を行いたい。具体的には「ときたら」構文について考察した先行研究の概観を行い、従来この表現をめぐって何が問題とされ、どういった課題が残されているのかを確認していく。

　この「ときたら」構文の提題標識である「ときたら」はこれまで、主に複合辞研究の中で取り上げられることが多かった。そして、そこでは「ときたら」がある種の「評価」的な意味を表す側面があるという指摘がなされている。その先行研究の指摘の一部を以下に挙げる。

　　（筆者注：「ときたら」について）不満・非難・自嘲などの気持ちがこめられる

　　　　　　　　　　　　　　　　　　　　　　　（森田・松木（1989: 53））

　　「ったら」類（「ったら」「ってば」「ときたら」「といったら」）は、人物や事柄を主題として感慨をこめて提示し、それらに対する話し手の評価を述べるのに用いられる。

　　　評価は批判的なものや、マイナスの評価であることが多く、文には話し手の嘆きや憤慨、あきれの気持ちなどがこめられていることが多い。（中略）批判やマイナスの評価以外に、人物や事柄がもつすごさや程度のはなはだしさを述べるのに用いられることもある。

　　　　　　　　　　　　　　（日本語記述文法研究会（編）（2009a: 241–242））

　以上が先行研究の中でも「ときたら」に関して言及した部分の代表的なものである。こうした先行研究における共通理解をまとめると、次のようになるだろう。

(ア) 「ときたら」は「評価」的意味を表す[4]。
(イ) 「ときたら」は提題標識である[5]。

　従来の議論の焦点は特に（ア）にあった。これは複合辞研究では当該の形式の意味を解明することに重点が置かれることを考えると当然のことと言える。このように、「ときたら」構文は従来、その提題標識の表す「感嘆・驚き・感慨」等の「評価」的な意味に注目が集まっていた。本補説の考察もこうした先行研究の指摘に基づいて行う。
　ただし、これらの指摘だけでは次の例の不自然さが十分に説明できないだろう。

(19)　お前（は／*ときたら）、さっさと行け。
(20)　もし本当にやったら、畑（は／*ときたら）最低な男だな。

　また、次の (21) の容認度の低さも従来の研究では十分には説明できないものと思われる。

(21)　おいおい。今日の司会（は／*ときたら）、誰だよ？

　以上の現象は、「ときたら」構文には明らかにされなければならない課題がまだ残っていることを示していると言って良い。本補説ではこうした、従来の研究において残されている課題を提示し、それに対する本書なりの答えを出すことを主な目的とする。
　本補説で具体的に考えたいのは、以下の 2 点である。

(ウ)　この「評価」的意味とはより具体的にはどういうものか。
(エ)　「ときたら」構文の主題と他の提題文の主題の相違点は何か。

---

[4] 「余情」（森田・松木 (1989))、「気持ち」（藤田 (2000))、「感慨」（日本語記述文法研究会（編）(2009a)）等様々な呼び方があるが、ここではまとめて「評価」と呼ぶことにする。
[5] 「ある事物を題目として取り立てる」（森田・松木 (1989))、「提題的な複合辞」（藤田 (2000))、「『は』以外の主題の表現」（日本語記述文法研究会（編）(2009a)）等。

（ウ）は先に示した（ア）を受けて発生した問である。既述のように、「ときたら」の意味記述は複合辞研究の流れの中で行われ成果を得てきた。しかし、そこでの「評価」という意味のより詳しい考察、そして、他の構文の表す「評価」的意味との違いの分析へはまだ踏み出せていないのが現状である。

　（エ）は（イ）を受けてのものである。これまで「ときたら」構文は提題文とされてきた。そして本書もそれに倣うものである。しかし、（エ）のような議論は管見の限りでは見当たらない。そこで以下、本補説ではこの問題についても考察し、「ときたら」構文研究（延いては提題文研究）を次の段階へと進めるための足がかりとしたい。以下、（ウ）（エ）の順で議論を行う。

4. 「ときたら」構文の「評価」的意味について

　まずは先述の（ウ）の問についての考察から始めよう。前述したように、「評価」的意味をめぐっては従来、「余情」「気持ち」「感慨」等、様々な概念が提示されてきた。それらは「ときたら」構文の働きを適切に述べたものであり、定説化してきたと言って良いだろう。そこで本補説では、これらの意味記述研究の段階から次の段階に研究を進めたい。そのためにこの「評価」的意味のより詳しい観察と、その「評価」が何に基づいて述べられているのか、そしてそれが他の提題文とどう異なるのかを明らかにしていく。そこで以下、まずは 4.1 で「評価」的意味の整理・観察を行う。そして次に 4.2 で上記の「ときたら」構文の特徴について考察する。

4.1 「評価」的意味の整理・観察

　ここではまず、「ときたら」構文の表す「評価」的意味を先行研究の指摘に基づきながら整理し、その後更に詳しく観察していく。

　「ときたら」構文の「評価」的意味は先行研究で「事柄を、極端だ・並大抵ではないという気持ちで受け止める、そういう情意を示す」（藤田（2000: 457））、「主題をそれまでの想定と異なる事物、つまり想定外の事柄に関わるものとして提示している」（岩男（2009: 116））とまとめられている。具体例

を通してこのことを確認しよう。

(22) 日本人は入浴好きだが、江戸時代の江戸っ子の風呂好き<u>ときたら</u>ケタ違いだった。最低でも一日 2 回入浴。一日 4、5 回の人もザラにいた。
(23) あの男のいい加減さ<u>ときたら</u>、まったく腹立たしい。
(いずれも日本語記述文法研究会（編）(2009a: 242))

　これらはそれぞれ、程度が甚だしいことを表す例((22))、話者が評価を下す例((23))として挙げられている（日本語記述文法研究会（編）(2009a: 242))。つまり、(22)は「江戸っ子の風呂好き」の度合いが「ケタ違いだった」と程度が甚だしいことを述べていると解釈でき、(23)は「あの男のいい加減さ」に対して「腹立たしい」という評価を下していると解釈できる[6]。そして、これらの根底に〈極端〉〈想定外〉といった意味があることは、(22)はもちろんのこと、(23)のような評価を下す用法であっても「極端である」「想定を超えている」といった意味の読み取りづらい状況を「ときたら」構文で表そうとすると容認度が下がることから分かる[7]。

(22′)??江戸っ子の風呂好き<u>ときたら</u>今と同程度だった。
(23′)??あの男のいい加減さ<u>ときたら</u>少し鼻につく程度だな。

　このように、「ときたら」構文は極端な、あるいは、想定を超えた程度や評価を表すことが分かるのである。
　以上のように、「ときたら」構文は〈極端〉〈想定外〉といった意味で統一的に説明が可能である。ただし後述するように、(22)のような「程度の甚だしさ」を表すと解釈される用法なのか、(23)のような「評価」を表すと解釈される用法なのかによって、その主題名詞句の性質等に違いが生じる。そ

---

6 「ときたら」構文が否定的評価を表すというそれまでの説に異を唱え、肯定的評価もあり得ることを示したのが藤田(2000)である。
7 このことは藤田(2000: 453)も次の例で確認している。
　(i) オッペル<u>ときたら</u>全くとんでもないやつだ。
　(ii)?オッペル<u>ときたら</u>あまり大したことのないやつだ。

こで本補説では便宜的に (22) の「程度」タイプと (23) の「評価」タイプを分けて観察したい。以下、(22)(23) の順に観察していく。

まず (22) のタイプの特徴として、主題名詞句に程度性を帯びると解釈されるものが生起する点が挙げられる。(22) 以外にも例を挙げてこのことを確認していこう。

(24)　私の場合、小説家という職業的自由を維持するために、自分に課していることはとても多い。日が落ちるまで絶対に飲まないということも、そのひとつだ。仕事の時間も決まっている。その勤勉さ<u>ときたら</u>、たぶんそのへんのサラリーマンとは比べものにならないだろう。
　　　　　　　　　（BCCWJ：栗栖十三「週末バーテンダーのすすめ」）
(25)　彼らはあまりにも長い間それに精を出してきたわけですし、手に入る金<u>ときたら</u>あまりに高額ですからね。
　　　　　　　（BCCWJ：ヴィターリイ・コローチッチ（編）、荒田洋ほか（訳）
　　　　　　　　　　　　　　　　　　　　　　　　　　　　　「グラースノスチ」）

これを (26) のように程度性を帯びないものを主題にすると、「程度」よりも「評価」の解釈が優先されることからもこの点は確認できる。

(26)　あの人<u>ときたら</u>すごいのよ。
(27)　あの人の優しさ<u>ときたら</u>すごいのよ。

(26) の「すごい」が優れている・偉大である等と読めるのに対し、(27) の「すごい」は「優しさ」の程度が甚だしいと読むことが可能である[8]。

一方、(23) の評価は更に 2 つに下位分類できる。1 つは (23) の「腹立たしい」のように述部に評価を表す表現が直接用いられるもの、もう 1 つは

---

[8]　同じ名詞句であっても状況によって程度性が問題になることもあればならないこともある。(25) と同じ「金」も次の例では程度性は問題となっていない。「金」に対する否定的な評価を述べている。
　(i)　あいつの持ってくる金<u>ときたら</u>、綺麗だったためしがない。
また (23)(26) からも分かるように評価を述べる場合は主題名詞句にこの特徴は見られない。

4. 「ときたら」構文の「評価」的意味について

次の(28)(29)のように評価の原因・理由となる出来事を述べることで間接的に主題に対する評価を述べるものである。

(28) 「セアラ、セアラったら！ここを散らかしっぱなしにしておかないでちょうだい。毛皮のショールや手袋や。グラスも、そんなところに置いておくと割れてしまうわ」「わかったわ。そんなにうるさくいわなくてもいいのに」「誰かがうるさくいわなくっちゃ。あなたときたら、何でも出しっぱなしなんだから。」
　　（BCCWJ：アガサ・クリスティー（著）、中村妙子（訳）「娘は娘」）

(29) いいか、おまえら、近衛銃士が枢機卿の親衛隊のわらい者になるなどとは、もってのほかだ。親衛隊の連中ときたら、りっぱで、おちついて、ぬかりがなく、つかまえられるようなへまは、ぜったいにやらん。
　　（BCCWJ：アレクサンドル・デュマ（著）、桜井成夫（訳）「三銃士」）

「何でも出しっぱなし」「へまは、ぜったいにやらん」といった述部は主題の行為を表しており評価を直接述べているわけではないが、間接的に「だらしがない」「完璧だ」といった評価を表している。つまり事象的な事柄でありながら、それが「そういうことをする人・物である」といった評価を述べるものとして機能している。そして、(28)(29)は慣習的な事態であったが、この間接的に評価を示す用法の極端なものには、以下のように時間軸上の一回の出来事を提示するものも存在する。

(30) 彼がパリに戻ってからも、僕らは再会しようとしてはみたが、政治が邪魔をして、はっきりした約束をするのが不可能なようだった。手紙で「多忙で時間がない。」と言ってきた。今や党のなかで重要な何かになっていたのだ。僕ときたら、八つ折りにして壁に鋲でとめた新聞しか読んでいなかったので、それを偶然に知ったところだった。
　　（BCCWJ：レーモン・クノー（著）、宮川明子（訳）「オディール」）

これは「八つ折りにして〜知ったところだった」という「僕」に対する非

補説 「ときたら」を用いた文の諸相

難めいた評価が暗に述べられていると読むのが自然である。このように、(23) の「評価」タイプは主題に対する評価を直接表すこともあれば、間接的に表すこともあると分かる[9]。

以上、ここでは「ときたら」構文が表すとされてきた意味の整理を行った。まとめると、「ときたら」構文は〈極端〉〈想定外〉という意味を表すが、それは対象の程度が甚だしいことを述べる場合と対象への評価を述べる場合とに大きく分けられること、そして後者の場合、その評価は述部で直接述べられることもあれば、間接的に述べられることもあることを確認した。

4.2　「程度」「評価」の根拠となる事柄の性質

4.1 で確認したように、「ときたら」構文には程度を表す場合と評価を表す場合がある。では、この程度や評価は何を基に述べられるのであろうか。ここでは、この問題について考えてみたい。この考察により「ときたら」構文が表す意味の内実がより明らかになるだろう。また、この考察は「ときたら」構文の新たな特徴を指摘することにもつながる。それを分かりやすくするために、以下では「は」を用いた提題文との比較を行いながら分析を進めることにする。

まずは次の例を参照されたい。これは先の (23) や (26) で挙げた、評価を直接述べるタイプの文である（(20) も参照）。

(31)　もし恩を仇で返したら、田中（は／*ときたら）、最低な男だな。

これを以下のようにすると「ときたら」を用いても容認度は高い。

(31′)　恩を仇で返しやがった。田中（は／ときたら）、最低な男だな。

　この容認度の差の理由を考えることで、上記の問について考えたい。容認

9　この間接的に評価が述べられる現象は益岡 (2012) でも「間接評価」としてとりあげられている。ただし、益岡 (2012) では間接評価は（本補説の）(28) (29) のタイプが主であり、(30) のように一回的な出来事を無標の述語で述べる場合は幾分か容認度が下がるとされている。それに対して本補説は (30) のタイプの存在も認めている。

4.「ときたら」構文の「評価」的意味について

度の異なる(31)と(31′)とを見比べると、「ときたら」を用いると容認度の低い(31)(そして(20))は仮定の話に基づいた評価を表している文であるのに対し、容認度の高い(31′)は事実的な事柄に基づいた評価を述べている文だと分かるだろう。このことから、「ときたら」構文で述べられる評価は、事実的な事柄に基づくものであると考えることができる。

これを受けて、次の例も観察してみよう((19)も参照)。

(32)　中村（は／*ときたら）、怯えるだけで何もしてくれないだろう。
(33)　中村（は／*ときたら）、怯えるだけで何もしてくれないかもしれない。
(34)　中村（は／??ときたら）、怯えるだけで何もしてくれないにちがいない。

これは(28)(29)(30)同様、事象を提示することで間接的に評価を述べるタイプの例である。これも以下のようにすると「ときたら」を用いても容認度は高い。

(32′)　中村（は／ときたら）、怯えるだけで何もしてくれなかった。

これも(31)(31′)で見た現象と同様の説明が可能である。(19)(32)(33)(34)はそれぞれ、命令や推量、可能性、必然性を述べる文である（益岡2007）。これらに共通するのはやはり、間接的に評価を表すために提示した事柄が非事実的であるという点である。それに対して(32′)は事実的な事柄を提示していることが分かる。

このように、「ときたら」構文が評価を述べる場合の特徴として、事実的な事柄を提示することで間接的に述べられるか、あるいはその事実的な事柄に基づいた評価が述べられるという点が挙げられる。それに対して「は」を用いた提題文は、非事実的な事柄に基づいた評価も表し得るのである。

では、(22)(24)(25)のタイプはどうだろうか。このタイプは主題名詞句

補説 「ときたら」を用いた文の諸相

の程度の側面を問題とするのであった[10]。このタイプも次の例から分かるように、程度の判断の拠り所となるのは先の評価同様、事実的な事柄である。

(35) これを全部たいらげたのか！あいつの食欲（は／ときたら）、底なしだな。

(35′) もしこれを全部たいらげたら、あいつの食欲（は／*ときたら）、底なしだな。

　以上をまとめると、「ときたら」構文で表される評価や程度とは、事実的な事柄に基づいて提示されるものだと言うことができる。
　これまでの考察と関連して、以下の現象も観察しておこう。

(36) あの男（は／ときたら）、忍耐力がまったく無いな。
(37) あの男（は／??ときたら）、忍耐力がまったく無いだろうな。

　これらは評価を直接述べた例だと解釈できるが、この場合 (37) のように非断定形を用いると容認度が下がるという制約が見られる。しかし、次のように「のだ」を用いると容認度が上がる。

(37′) あの男（は／ときたら）、忍耐力がまったく無いんだろうな。

　この理由もここまでの考察から説明が可能である。(37) と (37′) の違いは、(37) は根拠の無い状況でも用いられる文（例えば、初めて見る男に対して「は」を用いた (37) を用いることは可能である）であるのに対して、(37′) は「のだ」を用いることで、他の事柄との関係づけが明示されるようになる（宮崎他 (2002)）点にある。そのため、その背景にある事柄が連想しやすくな

10　このタイプの事象を通して間接的に程度を述べる表現は管見の限りでは見つかっていない。そもそも「程度を表す名詞が行う動作」は考えづらい。あるとしたら、「あの人の厳しさときたら、子供が泣いて謝っても絶対に許さなかった (?? φ／ほどだ)。」のように程度を具体的に描くために例として事象が挙げられる場合であろう。しかしこれも、程度を表す名詞が時間軸上で何かを行ったことを述べるための表現ではない。

る[11]ので「ときたら」を用いた場合の容認度が上がるのである[12]。

一方、程度の甚だしさを述べる場合はどうだろうか（(24)も参照）。

(38)　あの人の優しさ（は／ときたら）、かなう者はいない。
(39)　あの人の優しさ（は／ときたら）、かなう者はいないだろう。

このように、程度を表す場合「のだ」を用いなくても非断定形を用いることが可能である。しかしこれは「ときたら」構文が基づく事柄に関わる問題ではなく、程度を述べるという行為に理由があると考えられる。物事の程度を述べるには基本的に他者との比較が必要である。しかし、実際にはその比較を行わずに文を述べることもあり得る。よって、当該の比較結果は断定するだけの根拠が無いということを明示するために非断定形を用いることも可能なのである。

このように（特に(36)(37)のような例は）、「ときたら」構文の文末制約も本補説の主張から説明することが可能である。

以上、この4節では「ときたら」構文の意味の中身を詳しく見てきた。その結果、その意味は事実的事柄に基づくという特徴が見られた。これは「は」を用いた提題文には見られない特徴である。この考察により従来「ときたら」が表すとされてきた意味をより具体的に示すことができたと思われる。

こうした、「ときたら」構文の背景となる事柄の性質やそれに伴う文末の制約といった観点は従来の研究にはなかったものである。よって、今後の研究の新たな方向を示せたという点で言及する意味はあったかと思われる。

5.　「ときたら」構文が提示する主題

次に（エ）の議論に移る。ここでは、「ときたら」構文で提示される主題名詞句の特徴について考察する。既述のように、従来「ときたら」構文は提題

11　例えば「あの男ときたら、忍耐力がまったく無いんだろうな。たった10分でやめちまいやがった」のような状況が連想しやすくなる。

12　断定の場合は、背景に断定するだけの根拠があると考えることができる。

補説 「ときたら」を用いた文の諸相

文だとされてきた。しかし他の提題文、例えば「は」を用いた提題文との違いは何かといった問題はまだ課題として残されている。

　考察を始めるにあたり、以下の例を参照されたい。

(40)　地球上には知性をもつ動物なんていない、人間が脳を使ってやることときたら、ひどい間違いを次々に犯すことなんだから…。
（BCCWJ：ダイアン・アッカーマン（著）、葉月陽子（訳）「月に歌うクジラ」）

(41)　何しろここは山のてっぺん、辺り一面濃い霧とうっすら積もった雪、そのうえ何が起こるか分からないのに、相手ときたら、犬とドイツ人のメイドだけなんだから。
（BCCWJ：度會好一「ラヴ・レター」）

　これはいずれも指定叙述文である。この場合もこれまで同様、評価や程度の意味が読み取れる。(40)は人間がすることに対する批判的な評価が読み取れるし、(41)は相手の数が極端に少ないという気持ちが読み取れよう。よって、この場合も〈極端〉〈想定外〉等の意味を読み取りづらくすると容認度が下がる。

(40′)??人間が脳を使ってやることときたら、考えることだ。
(41′)??相手ときたら、伊藤君だ。

　そして、これが指定叙述文であることは次の言い換えが可能であることから確認できる（西山（2003））。

(40″) ひどい間違いを次々に犯すことが人間が脳を使ってやることだ。
(41″) 犬とドイツ人のメイドだけが相手だ。

このように「ときたら」構文も「は」を用いた提題文と同様に指定叙述文として用いられることがある。

　「ときたら」構文の考察を始める前に、ここで指定叙述文の主題名詞句の

5. 「ときたら」構文が提示する主題

性質を確認しておきたい[13]。指定叙述文における主題名詞句とは世界の中の個物を指示する働きを持たない、非指示的なもの(変項名詞句)だとされている（西山 (2003)）。このことを「は」を用いた指定叙述文で確認する。

(42) 研究会のリーダーは建石さんだ。
　　　(cf. 建石さんが研究会のリーダーだ。)

この場合、主題名詞句である「研究会のリーダー」は世界の事物を指示していない。つまり、主題名詞句が指示的である「あの人は建石さんだ」といったタイプの文とは主題名詞句の働きが異なる。この文は「x が研究会のリーダーである」という命題関数の x を埋める値を「建石さん」で指定している文だということになる（西山 (2003)）。

　さて、この主題名詞句が非指示的であるというのは、西山 (2003) も述べているように、文の中での機能の話である[14]。つまり、(42)はその発話者が「研究会のリーダー」の指示対象が分かっているか否か、といった知識状態とは無関係の表現なのであって、分からないから非指示的なのではない。そのため、発話者は「研究会のリーダー」が誰なのか知っている状況であっても「研究会のリーダー」を非指示的名詞句として用い、同一の文でその変項の値(「建石さん」)も共存させることが可能であるし、次のようにその値が分からずに尋ねることも可能である。

(42′) 研究会のリーダーは誰ですか？

この場合、主題名詞句は (42) と同じ非指示的名詞句であるが、発話者は変項の値が分かっていないと言うことができよう。

13　（厳密には「は」を用いた文の議論であるが）指定叙述文の文頭要素を「主題」と呼ぶことに疑問を呈する立場（西山 (2003)）と広義の主題と認める立場（堀川 (2012)）とが存在する。本補説でもこれまでの考察同様、後者、つまり提題文を広く捉える立場をとる。

14　「ある名詞句が指示的であるかどうかは、あくまで文中の名詞句が述語との関係で果たす意味機能として問題になることであって、文から独立に名詞や名詞句それ自体が有している性質ではない」(西山 (2003: 59))

補説 「ときたら」を用いた文の諸相

　これを踏まえて、(40)(41)に戻ろう。すると「ときたら」構文による指定叙述文では、変項の値を求める疑問文は容認度が低いことが分かる。

(40‴) 人間が脳を使ってやること（は／*ときたら）何？
(41‴) 何が起こるか分からないのに、相手（は／*ときたら）、誰だ？

　これは「ときたら」が提示する主題名詞句と「は」が提示するそれとの差異を示していると考えられる。以下、この点について考察しよう。(40)(41)、(40‴)(41‴)の観察により、「ときたら」が非指示的名詞句を提示する際、述部でその変項の値を指定することはできるが、その値を尋ねることは不可能であることが分かった。ここから考えられるのは、「ときたら」で名詞句を提示する場合、発話者はその指示対象が分かっている必要があるということである[15]。だからこそ、述部で値を指定することはできても、値を尋ねると不自然になってしまうのである。つまり、「ときたら」で提示される主題名詞句は発話者がその指示対象が分かっているものに限定されるといったように、知識状態に対応したものである。そして「は」で提示される主題名詞句はその点には関与しない、ニュートラルなものだとまとめることができるのである[16]。おそらく、この点も「ときたら」構文が事実的な事柄に基づくという点と無関係ではあるまい。事実的な事柄に基づいて評価を下すということは、話し手はその事柄を知っている必要がある。ということは、結果として、主題名詞句の指示対象も知っているということになる。

15　「人間が脳を使ってやることときたら、何だと思う？なんと自然を破壊することなんだぜ」のような値が分かっていながら相手に尋ねる場合であれば容認度が上がることも、ここで述べたことの妥当性を示していると言える。

16　今回BCCWJから収集した「ときたら」構文357例中、指定叙述文は8例（約2%）であったのに対して、「Yahoo! 知恵袋」から収集した「は」を用いた提題文180例中、指定叙述文は20例（約11%）であった。既述のように「ときたら」構文は指定叙述文として用いられても、評価や程度を述べる表現である。しかし、物事の評価や程度を述べたいのであれば属性叙述文を用いることもできる。これが上記の差の要因の一つと考えられる。なお、この調査で「は」提題文の用例を「Yahoo! 知恵袋」に限定したのは、範囲を限定しなければ「は」の用例数が膨大になってしまうこと、そして「ときたら」が話し言葉寄りの文体で用いられるため、その条件により近い文体と比較したいと考えたことによる。

5. 「ときたら」構文が提示する主題

したがって、反対に指示的名詞句（西山 (2003)）を「ときたら」が提示していても、指示対象を話者が分からないと解釈すると容認度が下がる (43′)。

(43)　あの犯人（は／ときたら）、最低な奴だ。
(43′)　誰がやったか知らないが、犯人（は／??ときたら）、最低な奴だ。

この指示対象が分かっているという点をより厳密にするために、次の例を参照されたい。

(44)　―「鈴木に騙された」という話を聞いて―
　　　鈴木（は／ときたら）、酷い男だな。
(44′)　その鈴木という奴（は／??ときたら）、酷い男だな。

このように「ときたら」構文で固有名詞を使用する際、間接形（ここでは引用形式を伴うもの）だと容認度が下がる。固有名詞の直接形（裸の形）と間接形の違いは、会話の前から当該の名詞句の指示対象や属性を知っており、直接指示できるか否かだとされる（田窪・金水 (1996)）。このことから、「ときたら」構文の主題名詞句は、話者がその名詞句の指示対象を直接指示できるだけの知識があるものだと考えられる。本補説で先に述べた、主題名詞句の指示対象が分かっているというのは、より厳密にはこういう意味だと理解される [17]。

そしてこの指摘は、先行研究のある記述に説明を与えることができる。それはグループ・ジャマシイ（編著）(1998: 325) による「ときたら」構文の主題に対する「話者にとって身近なもの」という記述である。その理由も本節で指摘したように、「ときたら」構文の主題は話し手がその指示対象を直接指示できるほど知っているということから、身近なものといった含意が生まれると

17　本文中で「は」は知識状態についてニュートラルだと述べたが、まったく無制限に使用できるというわけではない。現に名前以外何も知らない状況では「*田中は誰？」とは言えない。この場合「って」を用いる方が自然である。このことも本補説が「ときたら」の分析を通して述べた、提題形式の違いは話者の知識状態に対応しているということの表れの一つだとも考えられる。「って」を用いた提題文については、岩男 (2008a) でも多少考察を行ったが、詳細は今後の課題としたい。

補説 「ときたら」を用いた文の諸相

説明できるのである[18]。

　ここまでは、「ときたら」構文の主題名詞句と話し手の知識に関する議論であった。同じ主題名詞句に関する問題で次に確認したいのは、本書でこれまで問題としてきた「といえば、といったら、というと」の主題名詞句とこの「ときたら」構文の主題名詞句との差異である。前者については、「という」が用いられていることもあり、談話に既出の表現を提示することを基本としていた。それに対して、この「ときたら」構文の主題名詞句にはそうした制約は見られないのである。このことが確認できる例を以下に挙げる。

(45) 『ありゃなんだね？』おれがたずねると、ぶっきらぼうな答が返ってきた。『ただの古い空樽よ』『空樽だと！おい、待てよ、おまえの目<u>ときたら</u>遠眼鏡もはだしだぜ。なんであれが空樽だなんてわかるんだよ？』

(BCCWJ：マーク・トウェイン（著）、吉田映子（訳）「マーク・トウェインコレクション」)

(46) 「君はいくつだね？」「十八です」「じゃ、あと二年もすれば彼らの仲間入りだ。気の毒な話だ」孝史はヒヤヒヤした。すぐ前後を兵隊に囲まれているというのに、この先生<u>ときたら</u>、平気でこんなことを言う。ましてや今は軍事クーデターの最中で、しかも孝史たちは一般人の通行禁止区域を通過しているのだというのに、怖くないのだろうか。

(BCCWJ：宮部みゆき「蒲生邸事件」)

(47) 「セアラ、セアラったら！ここを散らかしっぱなしにしておかないでちょうだい。毛皮のショールや手袋や。グラスも、そんなところに置いておくと割れてしまうわ」「わかったわ。そんなにうるさくいわなくてもいいのに」「誰かがうるさくいわなくっちゃ。あなた<u>ときたら</u>、何でも出しっぱなしなんだから。」

18　この「身近」がただ単に「近くにある事物」といった意味ではないことは、(22)の「江戸っ子の風呂好き」のようなものも主題になり得ることから分かる（岩男（2009））。

(BCCWJ：アガサ・クリスティー（著）、中村妙子（訳）「娘は娘」)

　このように、「ときたら」構文の主題名詞句は、発話現場に存在する事物を指示することが可能なものである。
　以上、本節ではまず、「ときたら」が非指示的名詞句や指示的名詞句を提示する際のふるまいの観察を通して、その主題名詞句と話し手の知識状態との関係性を指摘した。そこでは「ときたら」構文の主題名詞句は、話し手が指示対象を分かっていることが必要であることが明らかになった。そしてその後、その主題名詞句が指示的な場合、(「といえば、といったら、というと」とは異なり) 現場指示が可能であることを指摘した。これは、「といえば、といったら、というと」の「言う」が引用構文で動詞として用いられる際には主に所与の言葉の再現をしていたのに対し、この「ときたら」については「来る」が最も動詞らしさを見せる 2.1 の「行為の接近」においても、言語表現の引用に限定されていなかったことと無関係ではないだろう[19]。

6. 「ときたら」構文の叙述の類型

　前節までの考察で、先行研究から導き出された問に対する本書での解答を示した。ここで考察を終える前に、この他に本書のテーマと深く関わる問題について少し考察をしておきたい。それは、「ときたら」構文が表す叙述の類型にはどういった制約が見られるのか（あるいは、制約が存在するのか否か）という問題である。本書ではこれまで、「いう」のレバ形式、タラ形式、ト形式が用いられた提題文については、そこで表される叙述の類型も含めて考察を行ってきた。そこで、本補説においても、その叙述の類型について考察を行うことで、他の提題文との異同を考えてみたい。
　本書の考察において、「といえば、といったら、というと」を用いた提題文がある一定の叙述の類型と対応関係にあるのは、その主題名詞句が（指示的な場合）文脈指示的であることに起因すると述べた。ならば、主題名詞句

19　通時的な考察は本書では行わない。今後の課題とする。

補説 「ときたら」を用いた文の諸相

にそうした特徴が見られない「ときたら」構文であれば、叙述の類型に「といえば、といったら、というと」のような制限は見られないのではないか、という予測が成り立つ。そして、その予測は正しい。

これまでの考察で既に、動的な事態を通して間接的に評価を述べるものや指定叙述等、叙述の類型について幾つかは言及しているが、それらも含めて以下、各叙述の類型の例を挙げる。

【カテゴリー属性】
(48) 弟はあたしの顔を見ると目をぱちくりさせ、朝、起きることが競争だなんて、だれがそんなことをいちばん初めにいいだしたのさ、とききかえしてきた。だいたいあの子ときたら、夜が何よりも大好きな子なんだから。とくに、雲も月も出ていないまっくらな夜が好きな子。
　　　　　　（BCCWJ：マイケル・ドリス（著）、灰谷健次郎（訳）「朝の少女」）

【性質属性】
(49) これじゃまだ足りないっていうのか？まったくいまどきの子供ときたら、やたらと要求が高いんだから！この完全無欠な人形にいったいなにが不足なのか、教えてくれないか？
　　　　　　（BCCWJ：ミヒャエル・エンデ（著）、大島かおり（訳）「モモ」）

【習性属性】
(50) しゃべるのは、母ちゃんみたいにうまくいかないけど、いっそそのほうがいいんじゃないだろうかね。近ごろの子ときたら、小生意気なことがいえりゃ、頭がいいんだと思いこんでるから。
　　　　　　（BCCWJ：L・M・モンゴメリー（著）、掛川恭子（訳）「アンの愛の家庭」）

【履歴属性／事象】
(51) 「あいつなら気持良く頼まれてくれる。そういうやつだ。ところが、馬琴の奴ときたら、ついでにご託まで並べやがった。前からわしの挿絵にどうしろこうしろと口出ししやがって差し出がましい野郎だったが、今度は、恩きせがましく前のことまで持ち出しやがった」
　　　　　　（BCCWJ：塩川治子「北斎の娘」）

「といえば、といったら、というと」の時には〈履歴属性〉と〈事象〉との区別が困難であるため、一括りとした。上の(48)もそれに倣って、一括りにしてある。ただし、「ときたら」構文の場合、目の前で起こっている事態について述べることも可能であり、それは事象とも判断し得る可能性がある。例えば次のような例がそれにあたる。

【事象】
(52) 忠助がしみじみと情けない気分におちこんでいるというのに、頼みの綱の沖田ときたら、「なあ、忠助、そうしろよ」まだ、真剣な表情で云っている。
(BCCWJ：広瀬仁紀「新選組風雲録」)

これは、話し手が目の前で観察している事態を述べており、動詞で表されていながら「履歴」とも「習性」とも考えにくい。そういう意味で、事象とも捉え得る表現である。
　以上のように、「といえば、といったら、というと」を用いた提題文とは違い、動的な事態(履歴属性や事象に相当する事態)を表す例は容易に見つけることができるのである。
　そして、前述した通り、指定叙述も可能である(再掲)。

【指定】
(40) 地球上には知性をもつ動物なんていない、人間が脳を使ってやることときたら、ひどい間違いを次々に犯すことなんだから…。
(BCCWJ：ダイアン・アッカーマン(著)、葉月陽子(訳)「月に歌うクジラ」)

このように、「ときたら」構文は様々な叙述を表し得る。ただし全てにおいて評価的意味を認めることができ、ここに益岡(2012)の言う「共存」が見られるということになる。そして、文の構造との対応という点について述べると、これまでにも確認してきたように、評価的意味(〈評価属性〉)の表現に限定されるということになろう。ただし、ここでは簡単な記述を行ったの

みであるので、より詳細な観察や考察は今後の課題としたい。

7. おわりに

　以上、本補説では「ときたら」構文の表す意味を詳しく観察し、その後、主題名詞句の制約についても考察した。その過程で「ときたら」構文の特徴をより明確にするために「は」を用いた提題文との比較も行った。

　明らかになったことをまとめると以下の通りである。

(オ)　「ときたら」構文の「評価」的意味は事実的な事柄に基づいて述べられる。

(カ)　「ときたら」構文の主題名詞句は発話者がその指示対象を直接指示できるほどの知識があるものに限定される。

　また、この「ときたら」構文は主題名詞句に発話現場に存在する事物を指示するものも取り得たが、それも（オ）（カ）とは矛盾しない帰結であると言うことができる。

　なお、本補説ではこの評価的意味の発生するメカニズムに関する詳しい考察や、「程度」の意味と「評価」の意味の間の関係に関する考察が十分には行えなかった。これらも全て今後の課題としたい。

参考文献

有田節子（1993）「日本語条件文研究の変遷」益岡隆志（編）『日本語の条件表現』pp. 225–278, くろしお出版.

有田節子（1999）「プロトタイプから見た日本語の条件文」『言語研究』115, pp. 77–108.

有田節子（2006）「条件表現研究の導入」益岡隆志（編）『条件表現の対照』pp. 3–28, くろしお出版.

有田節子（2009）「『裸のハ』についての覚え書き」『大阪樟蔭女子大学日本語研究センター報告』16, pp. 95–107, 大阪樟蔭女子大学.

池上嘉彦（2000）『「日本語論」への招待』講談社.

池上嘉彦（2004）「言語における〈主観性〉と〈主観性〉の言語的指標（1）」『認知言語学論考』3, pp. 1–49, ひつじ書房.

池上嘉彦（2005）「言語における〈主観性〉と〈主観性〉の言語的指標（2）」『認知言語学論考』4, pp. 1–60, ひつじ書房.

池上嘉彦（2006）「〈主観的把握〉とは何か―日本語話者における〈好まれる言い回し〉―」『言語』35-5, pp. 20–27, 大修館書店.

池上嘉彦（2008）「〈意味〉の進化―その広がりと深まり―」『KLS』28, pp. 371–379.

池上嘉彦（2009）「認知言語学における〈事態把握〉―〈話す主体〉の復権―」『言語』38-10, pp. 62–70, 大修館書店.

池上嘉彦（2011）「日本語と主観性・主体性」澤田治美（編）『ひつじ意味論講座第 5 巻 主観性と主体性』pp. 49–67, ひつじ書房.

池上嘉彦（2012）「〈言語の構造〉から〈話者の認知スタンス〉へ―〈主客合一〉的な事態把握と〈主客対立〉的な事態把握―」『国語と国文学』89-11, pp. 3–17, 東京大学国語国文学会.

岩男考哲（2003）「引用文の性質から見た発話「～ッテ。」について」『日本語文法』3-2, pp. 146–162.

岩男考哲（2008a）「「って」提題文の表す属性と使用の広がり」益岡隆志（編）『叙述類型論』pp. 45–66, くろしお出版.

岩男考哲（2008b）「叙述類型研究史（国内編）」益岡隆志（編）『叙述類型論』pp. 163–191, くろしお出版.

岩男考哲（2008c）「「最近の若者ときたら…」―話者の思考と属性叙述―」『言語』37-10, pp. 52–59, 大修館書店.

参考文献

岩男考哲（2009）「「ときたら」文をめぐって―有標の提題文が意味すること―」『日本語文法』9-2, pp. 105–121.
岩男考哲（2012）「「と言う」の条件形を用いた文の広がり」『日本語文法』12-2, pp. 179–195.
岩男考哲（2014）「「ときたら」構文の意味と主題」『日本語文法』14-2, pp. 101–117.
岩男考哲（2016a）「複合辞「というと」の接続表現的用法について」『日本語文法』16-1, pp. 71–79.
岩男考哲（2016b）「引用形式由来の提題標識の働き」福田嘉一郎・建石始（編）『名詞類の文法』pp. 185–202, くろしお出版.
上原聡（2016）「ラネカーの subjectivity 理論における「主体性」と「主観性」―言語類型論の観点から―」中村芳久・上原聡（編）『ラネカーの（間）主観性とその展開』pp. 53–89, 開拓社.
尾上圭介（1985）「主語・主格・主題」『日本語学』4-10, pp. 30–38, 明治書院.
尾上圭介（1990）「文法論―陳述論の誕生と終焉―」『国語と国文学』67-5, pp. 1–16, 東京大学国語国文学会.
尾上圭介（1995）「『は』の意味分化の論理―題目提示と対比―」『言語』24-11, pp. 28–37, 大修館書店.
尾上圭介（2004）「主語と述語をめぐる文法」尾上圭介（編）『朝倉日本語講座6　文法Ⅱ』pp. 1–57, 朝倉書店.
影山太郎（2006）「外項複合語と叙述のタイプ」益岡隆志・野田尚史・森山卓郎（編）『日本語文法の新地平 1』pp. 1–21, くろしお出版.
影山太郎（2009）「言語の構造制約と叙述機能」『言語研究』136, pp. 1–34.
影山太郎（編）（2012）『属性叙述の世界』くろしお出版.
鎌田修（2000）『日本語の引用』ひつじ書房.
川端善明（1976）「用言」『講座日本語6　文法Ⅰ』pp. 169–217, 岩波書店.
川端善明（1983a）「文の基本構造」『日本語学』2-2, pp. 103–107, 明治書院.
川端善明（1983b）「文の構造と種類―形容詞文―」『日本語学』2-5, pp. 128–134, 明治書院.
菊地康人（1995）「「は」構文の概観」益岡隆志・野田尚史・沼田善子（編）『日本語の主題と取り立て』pp. 37–69, くろしお出版.
金水敏（2015）「「変項名詞句」の意味解釈について」『日中言語研究と日本語教育』8, pp. 1–11.
金水敏（2016）「「ウナギ文」再び―日英語の違いに着目して―」福田嘉一郎・建石始（編）『名詞類の文法』pp. 203–214, くろしお出版.
グループ・ジャマシイ（編著）（1998）『教師と学習者のための日本語文型辞典』くろしお出版.
江田すみれ（1991）「複合辞による条件表現Ⅰ「となると」の意味と機能」『日本語教育』75, pp. 153–163.

江田すみれ（1992）「複合辞による条件の表現Ⅱ—「と」「とすると」「となると」の意味と機能について—」『日本語教育』78, pp. 202–213.
佐久間鼎（1941）『日本語の特質』育英書院（1995 年にくろしお出版より復刊）.
砂川有里子（1987）「引用文の構造と機能—引用文の 3 つの類型について—」『文藝言語研究　言語編』13, pp. 73–91, 筑波大学.
砂川有里子（2006）「「言う」を用いた複合辞—文法化の重層性に着目して—」藤田保幸・山崎誠（編）『複合辞研究の現在』pp. 23–40, 和泉書院.
田窪行則・金水敏（1996）「複数の心的領域による談話管理」『認知科学』3-3, pp. 59–74.
田野村忠温（1990）『現代日本語の文法Ⅰ　「のだ」の意味と用法』和泉書院.
寺村秀夫（1973）「感情表現のシンタクス—『高次の文』による分析の一例—」『言語』2-2, pp. 18–26, 大修館書店.
西山佑司（2003）『日本語名詞句の意味論と語用論—指示的名詞句と非指示的名詞句—』ひつじ書房.
仁田義雄（1991）『日本語のモダリティと人称』ひつじ書房.
日本語記述文法研究会（編）（2009a）『現代日本語文法 5　第 9 部とりたて　第 10 部主題』くろしお出版.
日本語記述文法研究会（編）（2009b）『現代日本語文法 7　第 12 部談話　第 13 部待遇表現』くろしお出版.
野田尚史（1995）「文の階層構造からみた主題ととりたて」益岡隆志・野田尚史・沼田善子（編）『日本語の主題と取り立て』pp. 1–35, くろしお出版.
野田尚史（1996）『「は」と「が」』くろしお出版.
蓮沼昭子（1993）「「たら」と「と」の事実的用法をめぐって」益岡隆志（編）『日本語の条件表現』pp. 73–97, くろしお出版.
浜田寿美男（1999）『「私」とは何か—ことばと身体の出会い—』講談社.
早瀬尚子（2009）「懸垂分詞構文を動機づける「内」の視点」坪本篤郎・早瀬尚子・和田尚明（編）『「内」と「外」の言語学』pp. 55–91, 開拓社.
早瀬尚子（2016）「懸垂分詞構文から見た (inter)subjectivity と (inter)subjectification」中村芳久・上原聡（編）『ラネカーの（間）主観性とその展開』pp. 207–229, 開拓社.
藤田保幸（2000）『国語引用構文の研究』和泉書院.
藤田保幸（2006）「複合辞研究の展開と問題点」藤田保幸・山崎誠（編）『複合辞研究の現在』pp. 3–19, 和泉書院.
藤田保幸（2014）『引用研究史論』和泉書院.
藤田保幸（2016）「引用形式の複合辞への転成について」『國文學論叢』61, pp. 307–321, 龍谷大學國文學會.
堀川智也（2012）『日本語の「主題」』ひつじ書房.
本多啓（2005）『アフォーダンスの認知意味論』東京大学出版会.
本多啓（2011a）「共同注意と間主観性」澤田治美（編）『ひつじ意味論講座第 5 巻　主

参考文献

観性と主体性』pp. 127–148, ひつじ書房.
本多啓 (2011b)「言語に現れた主観性と間主観性―生態心理学の観点から―」『人工知能学会誌』26-4, pp. 344–351.
本多啓 (2013)『知覚と行為の認知言語学―「私」は自分の外にある―』開拓社.
本多啓 (2016)「間主観性状態表現―認知意味論からの考察―」藤田耕司・西村義樹 (編)『日英対照　文法と語彙への統合的アプローチ―生成文法・認知言語学と日本語学―』pp. 254–273, 開拓社.
前田直子 (2009)『日本語の複文―条件文と原因・理由文の記述的研究―』くろしお出版.
益岡隆志 (1987)『命題の文法』くろしお出版.
益岡隆志 (1991)『モダリティの文法』くろしお出版.
益岡隆志 (1997)『複文』くろしお出版.
益岡隆志 (2000)『日本語文法の諸相』くろしお出版.
益岡隆志 (2002)「複文各論」野田尚史・益岡隆志・佐久間まゆみ・田窪行則『複文と談話』pp. 63–116, 岩波書店.
益岡隆志 (2004)「日本語の主題―叙述の類型の観点から―」益岡隆志 (編)『主題の対照』pp. 3–17, くろしお出版.
益岡隆志 (2007)『日本語モダリティ探究』くろしお出版.
益岡隆志 (2008)「叙述類型論に向けて」益岡隆志 (編)『叙述類型論』pp. 3–18, くろしお出版.
益岡隆志 (2012)「属性叙述と主題標識」影山太郎 (編)『属性叙述の世界』pp. 91–109, くろしお出版.
益岡隆志 (2013)『日本語構文意味論』くろしお出版.
益岡隆志 (2014)「文の意味階層構造と叙述の類型」澤田治美 (編)『ひつじ意味論講座3　モダリティⅠ―理論と方法―』pp. 85–97, ひつじ書房.
益岡隆志 (2016)「叙述の類型と名詞文の構造」福田嘉一郎・建石始 (編)『名詞類の文法』pp. 215–232, くろしお出版.
益岡隆志 (2018)「日本語文論からの課題提起―叙述類型論の事例―」『Journal of Culture and Information Science』13 (1, 2), pp. 98–104, 同志社大学.
益岡隆志 (編) (2008)『叙述類型論』くろしお出版.
松木正恵 (2006)「複合辞研究と文法化―動詞が欠落した口語的複合辞を例として―」藤田保幸・山崎誠 (編)『複合辞研究の現在』pp. 197–220, 和泉書院.
三上章 (1953)『現代語法序説』刀江書院 (1972年にくろしお出版より復刊．本書における本文中の引用は復刻版による).
三上章 (1960)『象は鼻が長い』くろしお出版.
三上章 (1963)『日本語の構文』くろしお出版.
宮崎和人・安達太郎・野田春美・高梨信乃 (2002)『モダリティ』くろしお出版.
森田良行・松木正恵 (1989)『日本語表現文型』アルク.

森山卓郎（1989）「応答と談話管理システム」『阪大日本語研究』1, pp. 63–88, 大阪大学.

Li, N. C. and S. A. Thompson（1976）Subject and topic: A new typology of language. C. N. Li（ed.）*Subject and topic*, pp. 457–490. New York: Academic Press.

Lyons, John（1982）Deixis and subjectivity: Loquor, ergo sum? Robert J. Jarvella and Wolfgang Klein（eds.）*Speech, place, and action: Studies in deixis and related topics*, pp. 101–124. New York: John Wiley and Sons.

Sweetser, Eve（1990）*From etymology to pragmatics*. Cambridge: Cambridge University Press.（澤田治美（訳）（2000）『認知意味論の展開』研究社.）

あとがき

　「まえがき」でも述べたように、本書は2010年頃から少しずつ考え形にしてきた研究を基に大幅な加筆・修正を行いながら執筆されたものです。それほどしっかりと計画立てて生きている人間ではないものですから、特に1冊にまとめるつもりもなく行っていた研究をまとめるのには（私の力不足もあり）とても苦労しました。
　私1人で研究を進めていたら「1冊にまとめよう」という考えはまったく頭に浮かばなかったと言って良いでしょう。非常に多くの方々の支えがあって本書は完成したと言えます。
　そうした方々の中でも本書の執筆に関しては益岡隆志先生に真っ先にお礼を申し上げたいと思います。先生には、私が大学院生だった頃より研究のご指導を賜っておりますが、本書の執筆に関しても、なかなか執筆の決意が固まらなかった私の背中をそっと押し続けてくださいました（「押して」ではなく「押し続けて」であるところに、のんびりした私の性格が現れているかと思います）。最初に執筆を勧めてくださったのは今から10年ほど前でした。しかしそれ以降、家族の大病等がありなかなか気持ちが研究に向かない時期もありましたが、その期間はそっと見守ってくださり、私の気持ちが落ち着いてきた頃に再度執筆を提案してくださるという絶妙な舵取りをしてくださいました。また、この期間、執筆に対する先生のお考えや先生の研究への取り組み方、そしてご自身の『命題の文法』（くろしお出版）執筆時の苦労話等、本当に数多くのお話をお聞かせくださいました。そのお話から得られたものは今後の研究活動にも生かしていかなければならないと思っています。
　また、春木仁孝先生、渡邊伸治先生にもお礼申し上げます。両先生は、私の指導教官・副指導教官として、私が研究者の卵にすらなっていない頃から、将来当然研究者になるものとして私と接してくださっていたように思い

あとがき

ます。この先生方の姿勢があったからこそ、私も将来の進路に迷わずにすんだと思っています。春木先生からは、従来の定説であっても鵜呑みにしない「疑ってかかる」精神を学びました。今にして思うと、研究者になるための第一歩として大変重要なことを教えていただいたのだと気付かされます。渡邊先生は、まだ将来どうなるかも分からない大学院生の私と不思議なくらい研究者として対等に接してくださっていました。学問の前では我々は平等であると身をもって学ばせていただきました(先の春木先生の「疑ってかかる」精神も、つまりは「どんな大家の説であっても、鵜呑みにするな」ということであり、これも学問の前では我々は平等であることを示していたのだと分かります)。同じことが現在の私にできているかは分かりませんが、そうありたいと日々心掛けています。

そして益岡先生、春木先生、渡邊先生には、お忙しい中、本書の草稿をお読みいただき、貴重なコメントを頂戴しました。執筆中は苦しいことだらけでしたが、先生方からコメントを頂戴している間は学生時代に戻ったようでとても楽しかったです。

また、研究会「TLM」のメンバーである坂本智香さん、建石始さん、松瀬育子さん、眞野美穂さん、そして「洛中ことば倶楽部」のメンバーの沈力先生、早瀬尚子先生、米田信子先生、李長波先生や、歳の近い(と私は思っている)金善美さん、小薬哲哉さん、今野弘章さん(そして、どちらの研究会でもお世話になっている益岡先生)には毎回、研究者としての好奇心を強く刺激するお話を聞かせていただいています。私も少しでもそれにお返しできるような話ができていれば良いのですが。

さらに毎月開催している読書会のメンバーである、板垣浩正さん、伊藤創さん、瀬戸義隆さん、南澤佑樹さん、三野貴志さんにもお礼申し上げます。世間話でもしているかのような雰囲気で研究の話ができるあの場を毎回とても楽しみにしています。

また、職場である神戸市外国語大学の同僚の皆さんには研究者として日々、とても良い刺激を受けています。職場で常に「自分は研究者である」と実感させられることは幸せなことだと思います。そうした刺激も今回１

あとがき

冊にまとめる決意を後押ししてくれたと思います。皆さんには「対照研究セミナー」でもお世話になっています。

そして、本書の執筆にあたって、くろしお出版の荻原典子さんには本書の編集に多大な労力を注いでいただきました。荻原さんなくしては本書の完成はありませんでした。また、同じくくろしお出版の池上達昭さんにも御礼申し上げたいと思います。池上さんは私が大学院を修了した頃から、1冊にまとめることを意識させ続けてくださいました（「意識させて」ではなく「意識させ続けて」であるところに、のんびりした私の性格が現れているかと思います）。にもかかわらず、ここまで遅くなってしまったことは申し訳なく思っています。

この他にも私の研究活動を支えてくれている家族や、私の息抜きの時間をとても充実したものとしてくれている京都・神戸の喫茶店仲間たちにも心より感謝申し上げたいと思います。

この「あとがき」を書いている現在、本書で解決できなかった問題や新たな問題の考察に着手しています。現代日本語文法研究を取り巻く環境は、私が文法研究に魅せられて大学院進学を決意した頃とは大きく変化しています。しかし、あの頃とは変わらず目の前には多くの疑問が溢れています。例えば本書でも重要な概念であった「主題-解説」の関係とは果たして何なのか、日本語学が育んできた「主観(性)」という概念と認知言語学におけるそれとの関係はどう捉えるべきか等、私には分からないことだらけです。

のんびりした性格の私ですが、これからも周囲の皆さんに刺激を受け続けたり、背中を押され続けたりしながら、こうした問題について考えていけたらと思います。

2019年3月　神戸にて
岩男　考哲

索　引

A～Z
Li and Thompson　22

あ行
引用形式を用いた提題文　123
引用構文　2
引用されたコトバ　66
うったへ　11
演述　11
応答文　29, 81

か行
が　13
課題設定文　29, 53
カテゴリー属性　19
客観的把握　12, 137
共存　141
極端　163
形容詞文　14
言語類型論　16
行為の接近　149, 152
好まれる言い回し　130, 135

さ行
佐久間鼎　9
参照点　105
時空間的な限定　17
自己言及的　73
事実的な事柄　168
指示的　133
事象叙述　6
事象叙述文　8
事象の経過　14
時所の限定　12
事態把握　38, 136
実物表示　4
指定　14
指定叙述　6
指定叙述文　8
品さだめ文　11
事物の性質　14
習性属性　19
主観的把握　12, 137
「主題-解説」構造　6
主体性　58
主題卓越　6
準詞文　14
条件構文　34
叙述の類型　5, 11
叙述類型論　9
性質属性　19
性状の表現　12
想定外　163
属性叙述　6
属性叙述文　8
措定　14

索 引

た行
ターゲット 105
タラ形式 2
提題標識 31
提題文 6, 21, 29
提題文化（有題化） 23
というと 2
といえば 2
といったら 2
動詞文 14
ときたら 8
ト形式 2

な行
内在的属性 18
認識の接近 149, 154

は行
は 13
端折り 14
判断の表現 12
反復文 29
非内在的属性 18
評価 33, 115
評価属性 142
評価的意味 115
表出 11
文構造の基本モデル 26
文の基本モデル 6
文脈指示的 123

ま行
益岡隆志 9
三上章 9
無題文 21

名詞文 14
物語り文 11

や行
有題文 26

ら行
履歴属性 19
レバ形式 2
連想文 29

わ行
話題転換文 29, 68

［著者］

岩男考哲（いわお・たかのり）

1976年、宮崎県生まれ。
大阪大学大学院言語文化研究科博士後期課程修了。
博士（言語文化学）。
現在、神戸市外国語大学准教授。

引用形式を含む文の諸相
―叙述類型論に基づきながら―

2019年5月30日	初版第1刷発行
著　者	岩男考哲
発行人	岡野秀夫
発行所	株式会社　くろしお出版 〒102-0084　東京都千代田区二番町4-3 TEL: 03-6261-2867　FAX: 03-6261-2879 URL: http://www.9640.jp　e-mail: kurosio@9640.jp
印刷所	シナノ書籍印刷株式会社
装　丁	庄子結香（カレラ）

© Takanori IWAO 2019
Printed in Japan　ISBN 978-4-87424-797-6　C3081
乱丁・落丁はおとりかえいたします。本書の無断転載・複製を禁じます。